L'ÉCOLE NATIONALE

OU

L'ENSEIGNEMENT PROGRESSIF

D'APRÈS LA

MARCHE NATURELLE DE L'ESPRIT HUMAIN

LA VIE
CHAMPÊTRE

OU LA

SCIENCE DU VILLAGE

PAR

E.-M. CAMPAGNE

Auteur du Dictionnaire d'Éducation

2e ÉDITION

BORDEAUX

IMPRIMERIE NOUVELLE A. BELLIER

Rue Cabirol, 16.

1872

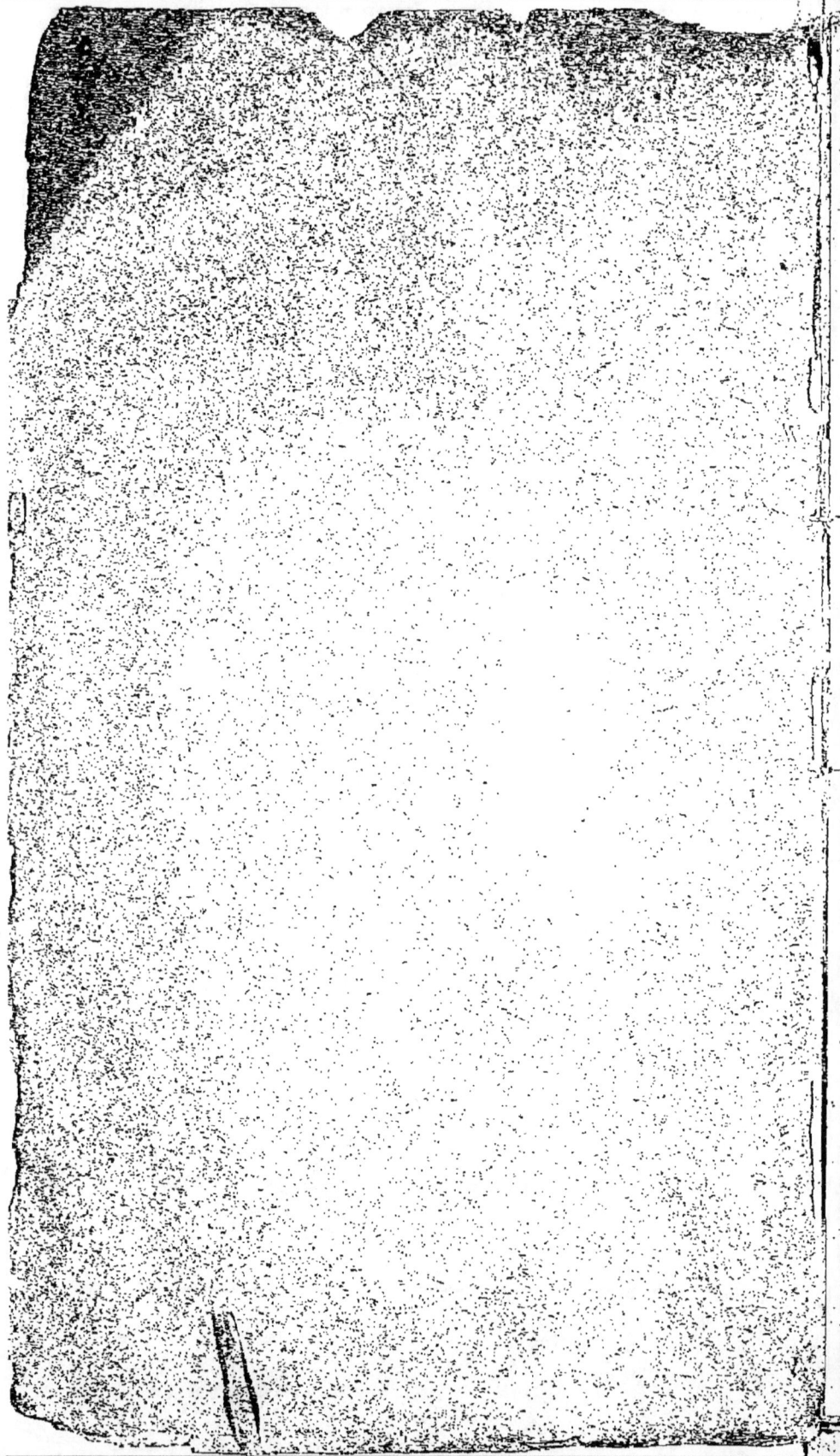

LA VIE CHAMPÊTRE

2ᵉ ÉDITION

LA VIE

CHAMPÊTRE

PAR

E.-M. CAMPAGNE

Auteur du Dictionnaire d'Éducation.

BORDEAUX

IMPRIMERIE NOUVELLE A. BELLIER

46, RUE CABIROL (ANCIENNE RUE DES MINIMETTES)

1872

AVIS AU VILLAGEOIS

Avant tout, il faut aimer la vie champêtre. Quoi de plus propre à nous inspirer cet amour, que les pensées des hommes célèbres qui ont décrit la beauté des champs, le spectacle de la nature et le bonheur d'un villageois qui donne à sa terre les mêmes soins qu'un enfant doit donner à sa mère.

Virgile, Horace, Bernardin de St-Pierre et d'autres écrivains illustres ont envié notre sort. Posséder une propriété; y vivre indépendant et éloigné du tracas des affaires publiques; y élever ses enfants dans l'amour du travail, de l'ordre et de la vertu ; respirer un air toujours pur et jouir continuellement des beautés de la campagne et des œuvres merveilleuses du Créateur, n'est-ce pas là le plus heureux sort que puisse envier un homme qui n'oublie pas que cette vie n'est qu'un passage à une vie plus heureuse ?

Un agriculteur est toujours apprenti, et quelle que soit sa prudence il fera toujours quelque faute dans la culture.

Il y a cependant certains principes que l'expérience de tous a consacrés : par exemple, la manière de faire un semis ou une plantation d'arbres forestiers ou fruitiers; la manière de procéder pour tailler ou greffer un arbre; le choix des semences ; la culture qu'exige chaque plante en particulier ; la meilleure manière de nourrir les bestiaux, etc. : voilà des objets d'étude de première nécessité pour tout agriculteur qui ne veut pas être esclave de la routine et qui veut tirer le meilleur parti possible des biens qu'il possède.

Il y a d'autres principes en agriculture dont l'application exige beaucoup de prudence : par exemple, les *assolements*, ou l'art de varier les récoltes dans un même champ ; le *drainage*, ou l'art de décharger les terres des eaux surabondantes ; la suppression complète des *jachères* ; le choix des *instruments agricoles* appropriés au sol : ce sont autant de questions que chacun peut résoudre, s'il a le soin de se mettre au courant des innovations heureuses, en consultant les Comices agricoles et en visitant les Concours régionaux.

J'ai abandonné la discussion de ces principes aux savants agronomes qui en font une étude particulière, et je me suis borné à vous parler de ce que vous pourrez mettre immédiatement en pratique. Les enfants et les jeunes hommes trouveront dans mon livre tout ce qu'il leur faut pour donner à la terre, et à chaque plante en particulier, les soins intelligents qu'ils exigent.

S'ils veulent planter des châtaigniers, des noyers, des pommiers, etc., ils connaîtront toutes les précautions à prendre ; ils auront du goût pour les plantations, et en plantant ils s'enrichiront.

S'il s'agit de la culture des céréales dans les champs, ou de celle des légumes dans les jardins, ils n'iront pas semer et labourer au hasard.

S'ils aiment le nourrissage, ils sauront choisir le plus productif.

Ils y trouveront enfin les conseils de la sagesse, dictés par des hommes qui ont vécu longtemps avant nous.

Un tel livre, introduit dans les écoles comme livre de lecture, ou livre de classe pour les leçons orales et écrites de langue française, ne servirait pas peu au développement des facultés intellectuelles et morales, en même temps qu'il donnerait au jeune villageois les connaissances indispensables de son art. *Variété* et *Utilité :* telle est notre devise.

LIVRE PREMIER

LA VIE CHAMPÊTRE

CHAPITRE PREMIER

Bonheur de la vie champêtre.

Trop heureux l'habitant des campagnes s'il connaissait son bonheur ! Loin du tumulte des armes et des discordes furieuses, la terre justement libérale lui fournit une facile nourriture.

Il n'a point, il est vrai, ces palais magnifiques aux portes incrustées d'écailles, ni des habits chamarrés d'or, mais il a une vie tranquille, indépendante et riche de tous les vrais biens ; il goûte les longues heures de loisir dans ses vastes domaines ; des grottes, des lacs d'eau vive, de fraîches vallées, le mugissement des bœufs et les doux sommeils à l'ombre des arbres, tout cela est à lui.

C'est aux champs qu'on trouve une jeunesse endurcie au travail et accoutumée à vivre de peu ; c'est là que la religion est en honneur et les pères vénérés comme des dieux.

Si je ne puis apprendre la route et les mouvements des corps célestes, la cause des éclipses du soleil et de la lune, pourquoi la terre s'agite sur ses fondements; par quelle force la mer, soulevant ses eaux, s'enfle, retombe ensuite sur elle-même et se retire; si mon esprit m'interdit de pénétrer ces mystères de la nature, que mon cœur soit du moins touché du spectacle des champs, des ruisseaux courant dans les vallées; que toujours les fleuves, les forêts profondes charment ma chère solitude!

Heureux celui qui peut connaître les premières causes des choses! Heureux aussi celui qui contemple Dieu dans l'immensité de la nature! Rien ne l'émeut, ni les titres que donne la faveur populaire, ni la pourpre des rois. Content des biens que ses champs lui prodiguent d'eux-mêmes, il cueille le fruit de ses arbres, et passe sans connaître ni le joug de fer des lois, ni l'immense dépôt des actes publics.

D'autres, la rame à la main, tourmentent les mers orageuses ou se précipitent au milieu des batailles. Celui-ci ensevelit ses richesses et se couche sur son or enfoui; celui-là ouvre une oreille émerveillée aux discours de la tribune.

Cependant le laboureur fend le sein de la terre avec le fer de la charrue. Ce travail amène ceux de toute l'année; c'est par là qu'il soutient l'État et sa famille, qu'il nourrit ses bœufs, qui l'ont bien mérité par leurs services. Aussi, point de repos pour lui avant que l'année, le comblant de ses dons, n'ait multiplié ses troupeaux, chargé ses arbres de fruits, ses granges de riches gerbes et fait gémir ses greniers. L'automne arrive et donne à son tour ses diverses productions, et sur les coteaux rocheux achève de mûrir la douce vendange.

Et le laboureur voit ses enfants chéris se suspendre à son cou, sa chaste demeure est gardienne de la vertu et de la pureté. Ses vaches fécondes laissent pendre leurs mamelles pleines de lait, et ses gras chevreaux luttent en se jouant sur le riant pâturage. Lui-même, il a ses jours de fête; et tantôt fixant un but sur l'orme, il provoque l'adresse des bergers; tantôt il les voit déployer dans une lutte champêtre la souplesse de leurs corps nerveux.

Ainsi vivaient autrefois nos pères et menaient cette simple vie sur la terre. Alors le souffle de la guerre n'avait pas encore enflé le clairon, et le marteau n'avait pas encore retenti pour forger l'épée homicide.

(Virgile.)

CHAPITRE II

La vie des patriarches.

Si Virgile avait connu le vrai Dieu, il nous l'eût fait aimer comme il a fait aimer la nature. Heureux, dit-il, celui qui peut connaître les premières causes des choses! Ce que Virgile n'a pas pu connaître, c'est-à-dire l'origine du genre humain, l'âge d'innocence qu'il appelle l'âge d'or, la chute d'Adam, enfin le commencement de toutes choses, nous le connaissons par la Bible, le plus ancien livre du monde.

Pour nous convaincre que la vie champêtre est la plus douce et la plus digne d'envie, étudions les occupations et les vertus des patriarches.

La richesse des patriarches consistait principalement en bestiaux. Il fallait qu'Abraham en eût beaucoup quand il fut obligé de se séparer de son neveu Loth parce que la terre ne les pouvait contenir ensemble. Jacob en avait un grand nombre quand il revint de Mésopotamie, puisque le présent qu'il fit à son frère Esaü était de 590 têtes de bétail. C'était ce grand nombre de bétail qui leur faisait tant estimer les puits et les citernes, dans un pays qui n'a point d'autre rivière que le Jourdain et où il ne pleut que rarement.

Il est dit qu'à son retour d'Egypte Abraham était riche en or et en argent. Les bracelets et les pendants d'oreilles que son serviteur donna de sa part à Rébecca étaient de six onces d'or, et l'acquisition de son sépulcre fait voir qu'ils avaient déjà l'usage de la monnaie.

Avec toutes ces richesses ils étaient fort laborieux, toujours à la campagne, logés sous des tentes, changeant de demeure suivant la commodité des pâturages. Ce n'est pas qu'ils n'eussent pu bâtir aussi bien que les autres habitants du pays ; mais ils préféraient cette manière de vivre. Elle est sans doute la plus ancienne, puisqu'il est plus aisé de dresser des tentes que de bâtir des maisons ; et elle a toujours passé pour la plus parfaite comme attachant moins les hommes à la terre. Aussi elle marquait mieux l'état des patriarches, qui n'habitaient cette terre que comme voyageurs, attendant les promesses de Dieu qui ne devaient s'accomplir qu'après leur mort.

La principale occupation des patriarches était le soin de leurs troupeaux ; on le voit par toute leur histoire et par la déclaration expresse que les enfants de Jacob en firent au roi d'Egypte. Quelque innocente

que soit l'agriculture, la vie pastorale est plus parfaite ;
la première fut le partage de Caïn et l'autre celui
d'Abel. Elle a quelque chose de plus simple et de plus
noble et elle attache moins à la terre. Le vieux Caton
mettait le nourrissage, même médiocre, avant le labourage, qu'il préférait aux autres moyens de s'enrichir.

Les justes reproches que Jacob faisait à Laban
montrent que les patriarches prenaient ce travail fort
sérieusement et qu'ils ne s'y épargnaient pas. « Je
vous ai servi vingt ans, dit-il, souffrant toutes les in-
jures du temps, portant la chaleur du jour et le froid
de la nuit, et me dérobant même le sommeil. » On peut
juger du travail des hommes par celui des filles. Rébecca venait d'assez loin pour puiser de l'eau, et s'en
chargeait les épaules, et Rachel menait elle-même les
troupeaux de son père.

Les héros d'Homère se servent eux-mêmes pour les
besoins ordinaires de la vie, et l'on voit agir de même
les patriarches. Abraham, qui avait tant de domestiques
et qui était âgé de près de cent ans, apporte lui-
même de l'eau pour laver les pieds à ses divins hôtes,
va presser sa femme de leur faire du pain, va lui-même
choisir la viande et revient les servir debout.

Je veux bien qu'il fut animé en cette occasion par
son zèle à exercer l'hospitalité, mais tout le reste de
leur vie y répond. Leurs valets servaient à les aider,
non pas à les dispenser du travail. En effet, qui pouvait obliger Jacob allant en Mésopotamie à faire seul,
à pied, un bâton à la main, un voyage de plus de deux
cents lieues, car il y avait bien cette distance de Beth-
sabée à Horan ? Qui pouvait l'y obliger, dis-je, sinon
sa louable simplicité et son amour pour le travail ?
Ainsi, il se couche où la nuit le surprend et met une

pierre sous sa tête pour lui servir d'oreiller. Ainsi, quoiqu'il aimât tendrement Joseph, il ne laisse pas de l'envoyer tout seul à Sichem, qui était à une grande journée d'Hébron; et Joseph, n'ayant pas trouvé ses frères, continue son voyage plus d'une journée au-delà, jusqu'à Dothaïn, et tout cela n'ayant encore que seize ans.

C'était sans doute cette vie simple et laborieuse qui les faisait arriver à une si grande vieillesse et mourir si doucement. Abraham et Isaac ont vécu chacun près de deux cents ans; les autres patriarches dont nous savons l'âge ont au moins passé cent ans, et il n'est point fait mention qu'ils aient été malades pendant une si longue vie. « Il défaillit et mourut dans une heureuse vieillesse, rempli de jours. » C'est ainsi que l'Écriture exprime leur mort.

(FLEURY, Mœurs des Israélites.)

CHAPITRE III

Les pasteurs.

Heureux le pasteur qui, avec un cœur vertueux, possède des pâturages fertiles et abondants. Dès que le frais matin vient d'éclore et que la rosée, si agréable au troupeau, brille encore sur l'herbe tendre, l'été étant revenu, ses brebis s'emparent de la campagne. Vers la quatrième heure du jour, quand tout languit de soif et que la cigale fait retentir les bois de sa plainte importune, le pasteur conduit ses troupeaux aux sources voisines ou bien à ses abreuvoirs, où l'eau des profonds étangs est amenée par de longs canaux de bois.

A midi, il les abrite contre la chaleur dans quelque

fraîche vallée, sous l'antique tronc d'un grand chêne étendant au loin ses rameaux, ou bien encore il les mène dans ces ténébreuses forêts qui prolongent dans la plaine leur ombre immense et révérée.

Il fait paître son troupeau et l'abreuve de nouveau au coucher du soleil, et à l'heure où l'étoile du soir ramène un peu de fraîcheur dans l'air, où la lune ranime déjà les bois, où tout se réveille et chante, les alcyons sur les rivages, les rossignols dans les buissons.

Qui n'envierait le sort des pasteurs de la Lybie, dont les cabanes sont semées çà et là dans les champs ? Souvent, jour et nuit, et quelquefois des mois entiers, ils laissent leurs troupeaux errer au hasard et sans abri, à travers les solitudes, tant la plaine est immense ! Le pâtre africain traîne tout avec lui : sa cabane, ses armes, son chien d'Amyclée et son carquois de Crète.

Il n'en est pas ainsi dans les régions habitées par les Scythes, non loin de la mer Noire. Là, leurs pasteurs tiennent leurs troupeaux renfermés dans l'étable ; là, les arbres sont sans feuillage et les champs, sans herbes ; la terre s'y montre partout affreusement hérissée de grands amas de neige et disparaît sous des couches de glace de sept coudées. Les habits se raidissent sur le corps, on coupe avec la hache le vin saisi par la gelée, les eaux dormantes ne sont plus qu'un bloc, et la barbe même se hérisse de glaçons. Cependant la neige ne cesse de tomber ; les brebis périssent ; les grands corps des bœufs gisent çà et là ensevelis sous les frimas, et les cerfs, se pressant en vain les uns contre les autres, s'engourdissent et tombent aussi à leur tour.

Ces peuples sauvages se retirent dans de profondes cavernes qu'ils se creusent sous terre et là, ils vivent tranquilles ; ils roulent, ils entassent sur leurs foyers des chênes, des ormes tout entiers, qu'ils livrent aux flammes ; ils passent la nuit à boire d'une liqueur piquante faite de froment et de fruits sauvages, seul vin de ces déserts. Ainsi vivent, sans police et sans loi, sans cesse battus des vents et n'ayant pour vêtements que la peau des bêtes fauves, ces peuples que la nature exila sous les glaces de l'Ourse.

(VIRGILE.)

CHAPITRE IV

Ce qu'un villageois doit désirer.

Un bien de campagne d'une médiocre étendue, avec jardin, fontaine d'eau vive à côté de la maison, et, de plus, un petit bois : c'était là le but de tous mes vœux, et mes désirs sont enfin comblés.

La seule grâce que je demande, c'est de m'assurer la jouissance de ces dons. Si je n'ai point accru ma fortune par des moyens illicites, je ne dois point la diminuer par désordre ou par négligence. Pourquoi formerais-je de ces vœux insensés : « Oh ! si je pouvais agrandir mon champ de ce petit coin de terre qui fait irrégularité dans mon terrain ! Oh ! si quelque heureux hasard me faisait découvrir une urne d'argent !. » Tout cela n'augmenterait pas mon bonheur.

Si j'ai le malheur d'aller en ville, mille affaires qui ne me touchent en rien me viennent assaillir de tous côtés ; ici, quelqu'un me supplie de l'assister au tribunal ; là, ce sont des greffiers qui me chargent de faire signer un papier ; ailleurs on m'entretient d'une mauvaise nouvelle qui s'est répandue dans les carrefours.

Malheureux que je suis! Voilà dans quels ennuis se
perdent mes journées, non sans soupirer mille fois :
« O chère campagne! quand te reverrai-je? Quand
pourrai-je, tantôt charmé par l'étude, tantôt dans les
bras du sommeil, goûter la vie délicieuse des champs! »
O soirées! quand devant mon foyer je soupe avec mes
amis, et que mes valets se régalent des mets que je n'ai
fait que toucher, affranchi des lois de l'étiquette, chaque convive est à son aise. Ensuite la conversation s'é-
tablit et roule, non sur les propriétés et les maisons
d'autrui, mais sur des sujets qui nous touchent davantage et qu'il est honteux d'ignorer : si c'est l'or ou la
vertu qui nous rend heureux; si c'est l'intérêt ou
l'estime qui doit nous entraîner vers un ami ; quel est la
nature du bien ; en quoi consiste le souverain bien.

Au milieu de ces entretiens, chacun débite à propos
quelque conte. Si quelqu'un vante les richesses sans
savoir ce qu'elles donnent d'inquiétude au possesseur,
aussitôt Cervius raconte la fable du rat des champs et
du rat de ville.

Un admirateur passionné des champs dit à Fiscus,
qui n'aime que la ville : sur cette affaire, mon ami, nous
différons un peu ; car pour le reste nous ne faisons
qu'un absolument, et notre fraternelle amitié rappelle les
deux pigeons de la fable.

Vous, vous gardez le nid ; moi, je préfère la campagne, les ruisseaux limpides, les rocs moussus, les frais
ombrages. Enfin, c'est vrai : je vis, je suis heureux
comme un roi dès que je me sens loin de la ville, objet
de tous vos éloges.

Je suis las de cette cuisine raffinée, il me faut du pain;
je le préfère à tous les gâteaux du monde. Celui qui
cède aux enivrements de la fortune ne tiendra pas con-

tre le malheur. Fuyez les grandeurs ; on peut, sous un toit de chaume, vivre plus heureux que les rois et les favoris des rois. Soyez content de votre sort, ami, c'est là la sagesse.

Moi je dis que le bonheur est aux champs ; toi qu'il est à la ville. Quand tu étais à la ville, tu soupirais tout bas après la campagne ; campagnard, tu regrettes la ville. Pourquoi tant d'inconstance ?

Nous n'avons pas les mêmes goûts, ni partant, les mêmes idées ; où tu ne vois qu'un désert sauvage, moi et ceux qui sentent comme moi, nous trouvons un charme puissant. Veux-tu savoir à présent pourquoi nous ne sommes pas d'accord ! Il fut un temps où j'aimais la toilette et les cheveux parfumés ; alors je sablais le vin de Falerne dès le milieu du jour ; maintenant que je reconnais mes folies, j'aime une table frugale, un lit de gazon au bord d'un frais ruisseau.

Dans mon champ, vois-tu, par un regard jaloux qui en veuille à mon bonheur ; pas de haine dans l'ombre, pas de racune empoisonnée. On sourit quand j'ai la bêche ou le rateau en main. Toi, tu aimerais mieux ronger ta maigre pitance à la capitale, entouré de valets, et mon portefaix voudrait bien, lui aussi, être mon intendant.

Le bœuf pesant veut porter la selle ; le cheval veut traîner la charrue ; chacun son métier et qu'on y reste, voilà mon avis.

(HORACE).

CHAPITRE V

Les occupations variées du laboureur.

S'il survient des pluies froides qui retiennent le laboureur dans sa maison, il s'occupe à loisir de divers
ouvrages qu'il serait bientôt obligé de faire à la hâte
dans une saison plus douce.

Il affile sous le marteau le soc émoussé de sa charrue, il creuse en nacelle des troncs d'arbres, marque
ses troupeaux et mesure ses grains. D'autres aigui-
sent des pieux et des fourches à double dent, ou prépa-
rent le saule pour lier la vigne naissante, et dressent
en corbeille les baguettes flexibles de l'osier.

Plusieurs, dans les soirées d'hiver, veillent à la lueur
d'une lampe, s'arment d'un fer tranchant et taillent le
bois résineux en forme de torche. La ménagère fait
courir entre les fils de sa toile la navette retentissante
et charme par son chant les longues heures de travail,
ou bien fait tourner le fuseau entre ses doigts agiles.

C'est dans la saison froide que les laboureurs
jouissent de ce qu'ils ont amassé pendant l'été, et qu'ils
s'invitent les uns les autres à de gais repas. L'hiver
leur inspire la joie et chasse de leurs cœurs les soucis
inquiets.

Ainsi quand les navires chargés de richesses arrivent
au port désiré, les joyeux matelots couronnent de fleurs
leurs vaisseaux triomphants.

Mais quand revient le printemps pluvieux et qu'une
moisson dorée embellit la campagne, les travaux actifs
recommencent.

Souvent, au moment où le laboureur livrait à la fau-
cille des moissonneurs les jaunes épis de ses champs,

j'ai vu les vents déchaînés s'entrechoquer en d'horri-
bles combats, déraciner au loin les riches moissons,
enlever dans les airs l'é i chargé de grains, et empor-
ter dans de noirs tourbillons le chaume léger et la paille
voltigeante. Souvent aussi, j'ai vu s'amonceler dans le
ciel d'affreux nuages couvant dans leurs flancs téné-
breux la tempête et la pluie accumulées. Tout à coup
l'air se fond en eaux et noie de ses torrents les moissons riantes, doux fruits des longs travaux de l'homme
et de ses bœufs. Les fossés sont remplis, les fleuves
au lit profond débordent avec fracas, et la mer en fu-
reur bouillonne dans ses abîmes. Du sein de la mer té-
nébreuse, le bras étincelant du Maître de l'univers fait
retentir la foudre : la terre tremble au loin ébranlée ; les
animaux ont pris la fuite, et les cœurs des mortels
s'humilient dans une sainte épouvante.

Le laboureur appréhende le retour de tels désastres
et observe les mois et signes du ciel qui les amènent.
Quand l'hiver touche à son déclin et que déjà le printemps a de beaux jours, il adore Dieu plus que jamais,
attendant de lui seul le doux fruit de ses longs travaux.
O trop heureux l'habitant des campagnes si, par ses ran-
cunes et son ingratitude, il n'irritait le Dieu qui lui prodigue tant de biens !

Autrefois, il m'en souvient, près des superbes tours
de Tarente, dans ces champs couverts de moissons
dorées qu'arrose le noir Galèse, je vis un vieillard Cili-
cien, possesseur de quelques arpents de terre abandonnée, qui n'était propre ni au labourage, ni à la pâture,
ni à la vigne. Cependant quelques légumes y avaient
pris, par ses soins, la place des buissons ; ses planches
étaient bordées de lis, de verveine et de pavots nour-
rissants. Ces richesses égalaient à ses yeux l'opulence

des rois ; et, chaque soir, de retour dans son modeste asile, il chargeait sa table de mets qu'avait créés son industrie. Les premières roses du printemps, les premiers fruits de l'automne se cueillaient chez lui ; et quand le triste hiver fendait encore les pierres et enchaînait d'un frein de glace le cours des ruisseaux, déjà il émondait la tête de ces acanthes, accusant la lenteur des zéphirs ou de la douce saison. Aussi voyait-il, le premier, sortir de nombreux essaims de ses ruches fécondes et le miel mousser en coulant à grands flots de ses pressoirs. Le tilleul et le pin lui offraient partout leur ombrage, et chaque fleur, dont au printemps s'embellissaient ses arbres fertiles, lui donnait en automne un fruit dans sa maturité. Il avait même transplanté, en allées régulières, des ormes déjà vieux, des poiriers durcis par les ans, des pruniers épineux et des platanes qui couvraient déjà de leur ombre hospitalière les voyageurs altérés.

(Virgile.)

CHAPITRE VI

Sentiments agréables de l'homme des champs qui contemple la nature.

La nature est si bonne qu'elle tourne à notre plaisir tous ses phénomènes ; et si nous y prenons garde nous verrons que les plus communs sont ceux qui sont les plus agréables.

Je goûte par exemple du plaisir lorsqu'il pleut à verse et que j'entends les murmures des vents qui se mêlent au frémissement de la pluie. Ces bruits mélancoliques me jettent pendant la nuit dans un doux et profond sommeil. Je ne suis pas le seul homme sensible à ces affections. Pline parle d'un consul romain qui faisait dresser, lorsqu'il pleuvait, son lit sous le feuillage épais d'un arbre, afin d'entendre frémir les gouttes de pluie et de s'endormir à leur murmure.

Dans le mauvais temps, le sentiment de ma misère humaine se tranquillise en ce que je vois qu'il pleut et que je suis à l'abri. Je jouis alors d'un bonheur négatif. Il s'y joint ensuite quelques-uns de ces attributs de la divinité, dont la perception fait tant de plaisir à notre âme, comme de l'infinité en étendue par le murmure lointain des vents. Ce sentiment peut s'accroître par la réflexion des lois de la nature, en me rappelant que cette pluie qui vient, je suppose, de l'Ouest, a été élevée du sein de l'Océan, qu'elle vient balayer nos grandes villes, remplir les réservoirs de nos fontaines et rendre nos fleuves navigables. Ces voyages de mon intelligence élèvent mon âme et me paraissent d'autant plus doux que je suis plus tranquille et plus à l'abri.

Pour éprouver ces sentiments, il faut voir la main de Dieu dans tous les phénomènes de la nature, et ne pas nous plaindre que toutes les saisons sont dérangées et qu'il n'y a plus d'ordre dans les éléments.

Ce ne sont pas les tableaux les plus éclairés, les avenues en ligne droite et les roses bien épanouies qui nous plaisent le plus. Mais les vallées ombreuses, les routes qui serpentent dans les forêts, les fleurs qui s'entr'ouvrent à peine excitent en nous de plus douces et de plus durables émotions.

Les sciences ne nous charment que dans le commencement de leur étude, quand l'esprit s'y présente plein d'ignorance. C'est le point de contact de la lumière et des ténèbres qui produit le jour le plus favorable à nos yeux ; c'est ce point harmonique qui excite notre admiration lorsque nous venons à nous éclairer.

L'ignorance de l'homme des champs lui fait éprouver des sentiments que le savant ne goûte plus. C'est à notre ignorance que la Divinité communique le plus profond de ses attributs. La nuit nous donne une plus grande idée de l'infini que tout l'éclat du jour. Pendant le jour, je ne vois qu'un soleil ; la nuit, j'en vois des milliers. Sont-ce même des soleils que ces étoiles de si diverses couleurs ? Où vont ces longues comètes qui traversent des espaces immenses ? Qu'est-ce que cette voie lactée qui sépare le firmament ? Y a-t-il dans le firmament des lieux où la lumière ne parvienne pas ? O mystère ! couvrez ces vues ravissantes de vos ombres sacrées ! Ne permettez pas à la science humaine d'y porter son triste compas !

Nous sommes émus à la vue d'un petit tertre qui couvre les cendres d'un enfant aimable par le souvenir de son innocence. Il ne faut pas, pour rendre recommandables ces monuments, des marbres, des bronzes, des dorures.

C'est surtout à la campagne que leur impression se fait vivement sentir. Une simple fosse y fait souvent verser plus de larmes que les catafalques dans les cathédrales. C'est là que la douleur prend de la sublimité ; elle s'élève avec les vieux ifs du cimetière ; elle s'étend avec les plaines et les collines d'alentour ; elle s'allie avec tous les effets de la nature, le lever de l'aurore, le murmure des vents, le coucher du soleil et les ténèbres de la nuit.

Les travaux les plus rudes et les destinées les plus humiliantes n'en peuvent éteindre l'impression dans les cœurs les plus misérables. « Pendant l'espace de deux ans, dit le P. du Tertre, notre nègre Dominique, après la mort de sa femme, ne manquait pas un seul jour, sitôt qu'il était revenu de la place, de prendre le garçon et la petite fille qu'il en avait eus et de les porter sur la fosse de la défunte, où il pleurait devant eux une bonne demi-heure; ce que ses petits enfants faisaient souvent à son imitation. »

Que'le oraison funèbre pour une épouse et une mère! Ce n'était cependant qu'une pauvre esclave.

(Bernardin de Saint-Pierre.)

CHAPITRE VII

Pourquoi en général on n'aime ni la solitude ni une demeure isolée.

Les hommes aiment à penser et à penser à eux d'une certaine manière, en jugeant qu'on les estime, qu'on les honore, qu'ils sont grands et puissants. C'est pourquoi la conversation et la vue du monde est si agréable, car cela vient de ce qu'elle excite des pensées de cette nature.

Au contraire, la solitude est désagréable à la plupart des gens, parce qu'elle ne leur fournit pas assez de pensées qui leur plaisent. La nature est déplaisante à beaucoup de monde, parce que les images qu'elle fournit n'étant pas aidées de la voix et de mille autres circonstances qui accompagnent la parole, elles sont trop sombres et trop obscures.

Pour se plaire donc dans les forêts, il faut entendre le langage des forêts ; car toutes les créatures ont un langage, c'est-à-dire qu'elles peuvent exciter des pensées. Ceux en qui elles en excitent suffisamment peuvent se plaire dans la solitude et ils s'y plaisent d'autant plus innocemment que ces images qu'elle leur fournit leur représentent plutôt la grandeur de Dieu que leur propre grandeur, et qu'elles leur parlent peu d'eux-mêmes et beaucoup de Dieu : c'est là l'avantage de la solitude.

(NICOLE.)

Quiconque ne peut souffrir d'être seul avec lui-même ressemble à ces mauvais musiciens qui ne peuvent chanter que dans les chœurs.

Vous donc qui êtes relégué dans un coin de vallon, loin des grandes villes et même isolé du village, que les forêts majestueuses, le vent qui souffle, le ruisseau qui serpente, vous rappellent à Dieu. Que la nature entière soit pour vous un ami tendre, que les bonnes lectures soient votre occupation la plus douce dans vos heures de loisir.

L'étude est un sûr moyen d'éviter l'ennui ; elle nous empêche d'être à charge à nous-mêmes et utiles aux autres ; elle nous procure la compagnie des gens de bien et nous fait beaucoup d'amis.

O modeste laboureur ! lisez de bons livres, vous y trouverez les moyens de vaincre vos passions, de faire fructifier vos arbres, de fertiliser vos champs, et Dieu aidant, vous serez le plus heureux des hommes.

CHAPITRE VIII

Un ancien courtisan raconte à un de ses amis le plaisir qu'il goûte dans sa retraite.

1. — C'est dans ces hameaux, si éloignés de la contagion des villes, que je trouve la bonhomie et la simplicité des premiers âges. C'est ici que règnent une gaîté sans fard et le contentement au sein du travail ; ici, la santé, la paix et le simple nécessaire ne laissent point envier le luxe des cours et le tumulte des cités ; les noms sacrés de père, d'ami, d'époux et de frère s'y donnent et s'y reçoivent avec toute la naïveté du sentiment qu'ils expriment, et l'on y fait retentir à chaque instant au fond de mon cœur le cri touchant de l'humanité.

Tu conçois, mon ami, qu'en pensant ainsi il m'en coûte fort peu de me trouver exilé parmi ce peuple qui habite une terre, le plus ancien héritage de mes ancêtres. Notre confiance mutuelle produit des scènes d'attendrissement et de bienveillance que je préfère de beaucoup à toute la pompe des grandeurs et à tous les hommages des courtisans.

Le vieillard m'amène son fils et me fait devant lui l'éloge de sa soumission et de sa tendresse ; il m'entretient de sa famille, de son champ, de ses troupeaux, du petit bien qu'il possède, ou de celui qu'il espère ; quelquefois aussi il me parle de ses besoins et de ses misères ; je partage avec lui sa peine, ou je l'adoucis du moins si je ne puis pas entièrement la soulager.

Dans d'autres moments il me demande des conseils et je lui en donne ; j'y ajoute, s'il se peut, des lumières qui le rendent, dans sa simplicité, plus sage encore et plus heureux.

Ces bonnes gens veulent bien me faire juge des différends qui surviennent au hameau ; et, en respectant les droits de chacun d'entre eux, je fais en sorte que tous s'en retournent contents.

Souvent moi-même je les rassemble pour être témoin de leurs jeux et je donne un prix au vainqueur ; j'établis des récompenses bien plus grandes encore pour le travail et la vertu ; et quand je n'ai plus rien à leur donner, un seul mot de ma bouche semble leur valoir tous les honneurs du triomphe.

Juge, mon ami, par le plaisir que je prends à te parler d'eux, combien ils contribuent à ma félicité. Cependant ils ne la forment pas tout entière, et un spectacle dont je jouis le plus, c'est le spectacle de la nature.

Lorsqu'au lever de l'aurore, je me transporte sur nos montagnes, que je vois le ciel se teindre peu à peu des plus vives couleurs, un globe de feu paraître, s'élever et, par ses rayons naissants, effacer les ombres des collines opposées ; les neiges se fondre lentement et former des ruisseaux qui coulent près de moi avec un agréable murmure ; des fleurs champêtres mêler leurs douces odeurs à celles des plantes qui croissent dans les fentes des rochers ; des gouttes de rosée briller sur ces fleurs et sur les buissons voisins ; les tranquilles zéphirs se jouer entre les feuilles des arbrisseaux et en agiter mollement les branches ;

Lorsque j'entends les oiseaux qui, par un tendre gazouillement, saluent tous ensemble l'astre du jour ; lorsque je vois des tourbillons de fumée qui s'élèvent des toits rustiques des bergers et annoncent le retour du travail ; le bucheron qui, s'arrachant au repos, quitte sa chaumière pour s'enfoncer dans la forêt prochaine ; les laboureurs qui se répandent dans les campagnes ; les troupeaux qui sortent à pas lents des hameaux et se dispersent sur le penchant des collines ; toute la nature qui s'éveille, et, sans perdre encore une impression de fraîcheur, reprend une vigueur nouvelle : Ah ! quel enchantement j'éprouve ! quel ennemi de la Divinité pourrait résister à un spectacle si touchant !

Ravi par ces douces images, je me livre à la méditation la plus profonde ; mon esprit s'agite, mes pensées se pressent, une sorte d'enthousiasme élève mon âme et j'admire le créateur de l'univers.

2. — Toujours ami de la nature, j'avais choisi un jour serein pour aller seul, en méditant sur ses charmes, m'enfoncer dans la forêt prochaine ; je suivis, pour y arriver, les rives fleuries d'un ruisseau qui m'y conduisit en serpentant. Déjà le gazouillement de ses eaux, la verdure et la fraîcheur qui régnaient sur ses bords avaient comme enchanté mon esprit et mes sens ; mais à l'entrée de la forêt, j'éprouvai une émotion plus vive encore et un sentiment plus profond. Le silence et l'obscurité des bois ; des sapins dont la tige rougeâtre s'élançait vers le ciel ; des chênes antiques qui, de leur tête altière, semblaient toucher les nues ; des troncs d'arbres que la hache avait respectés, mais qui, dépouillés de leurs branches, avaient cédé à l'effort des temps et menaçaient la terre de leur chute ; des routes tortueuses à travers des buissons épais que d'autres arbres couvraient de leur ombre : tous ces objets réunis m'imprimaient un saisissement secret qui avait pour moi quelque choses d'admirable et de divin.

Il me semblait, au milieu de ce silence et dans cette

forêt sombre, que la majesté du Très-Haut, que le Dieu
de la nature parlait d'une voix plus forte et plus touchante à mon cœur.

Je m'assis pour me recueillir tout entier et me livrer
sans réserve à un sentiment si délicieux. J'en jouissais
lorsque tout à coup le bruit des feuilles dans les buissons voisin suspendit malgré moi le cours de mes réflexions et me força de tourner la tête.

J'aperçus un homme à peu près de mon âge, mais
qui n'avait rien perdu de la jeunesse et de la vigueur
de l'âge mûr. Il tenait un livre à demi fermé entre les
mains : c'était les *Aventures de Télémaque* ; et il souriait agréablement aux douces idées que les conseils de
la sagesse et les images de la vertu avaient fait naître
en lui.

Je me levai pour aller à sa rencontre, et à peine eût-il
parlé, que je le reconnus pour le comte de Veymur, qui
avait fait sous moi plusieurs campagnes avec toute
l'intelligence et la bravoure d'un officier digne des plus
grandes récompenses. Il vivait retiré avec toute sa famille dans un petit bien où, n'ayant pour société que
son frère, sa sœur, sa femme et ses enfants, il ignorait
ma disgrâce et mon exil, comme j'ignorais sa retraite.

Nous eûmes bientôt renouvelé notre ancienne connaissance et il me fit promettre que dès le lendemain
j'irais le voir dans ce qu'il appelait son ermitage.

Sa présence avait fait revivre en moi le désir de la
société et le besoin d'un ami, le premier de tous les besoins pour un cœur sensible. Le croirais-tu, pour la
première fois, le temps me parut long jusqu'au moment
de mon départ. Je l'avançai le plus qu'il me fut possible
et j'arrivai enfin.

3. — Mais quel enchantement pour moi lorsque je me trouvai au sein d'une famille où tout respirait l'honnêteté, la candeur, l'innocence et la paix ! Là, je vis réunis des mœurs simples et des manières prévenantes, la politesse et la franchise, la décence et les agréments, le travail et les doux plaisirs, la sagesse et la liberté.

Madame de Veymur me reçut avec cet air ouvert et engageant qui tient un juste milieu entre la politesse froide et réservée dont on use envers de nouvelles connaissances et cet accueil trop aisé qui ne sied bien qu'avec d'anciens amis. Une physionomie heureuse qui porte l'empreinte de la vertu ; un caractère de douceur répandu sur tous ses traits ; ce ton de noblesse et de grandeur qui, dans la simplicité même, annonce l'élévation de l'âme ; une prononciation pure ; de l'esprit sans paraître le savoir, et surtout une raison saine : voilà, mon ami, ce que je remarquai dans Madame de Veymur.

« Voici mes filles, me dit le comte ; le ciel, qui m'avait accordé un fils, me l'a enlevé presque aussitôt. Vous verrez dans peu le reste de ma famille. » Ses filles m'enchantèrent presque autant que leur mère. La décence et la simplicité de leur parure ; la modestie de leur maintien ; leur union entre elles ; leur empressement à prévenir la volonté de leur mère ; leur application constante à des soins ou à des travaux faits pour leur âge ; tous ces objets excitaient mon admiration et ma surprise.

Les domestiques eux-mêmes, en petit nombre, paraissaient n'avoir en commun qu'une seule volonté, qui était celle de leur maître. On eût dit que c'étaient leurs enfants plutôt que leurs serviteurs ; ils s'aimaient, se secouraient entre eux comme des frères, et prouvaient d'ailleurs, par l'ancienneté de leurs services, la sagesse et la bonté de ceux à qui ils obéissaient.

Dans toute la maison je remarquai un fond d'économie et un air d'abondance, une police sage et bien entendue, qui ne se contentait pas de corriger les abus, mais qui avait pour objet de les prévenir; un esprit d'ordre, bien plus agréable que celui du luxe et de l'ostentation. C'est un homme sage, me disais-je, qui préside ici; il n'a pas besoin de sortir de chez lui pour trouver le bonheur, qu'il eût cherché en vain dans un monde étranger.

Son frère, sa sœur, qui demeurent avec lui, survinrent à l'instant, et, dans tous les yeux, sur tous les visages, je lisais un air de contentement et des sentiments de respect et de tendresse qui servaient à m'en inspirer à moi-même et qui seuls eussent bien suffi pour faire l'éloge de la vertu du comte.

Heureux temps où le monde était encore dans son enfance; tels étaient les modèles que vous présentiez à la terre, et qu'elle a trop promptement oubliés! Tels étaient ces dignes et vertueux patriarches, qu'on peut comparer à nos mœurs, sans regrets, sans indignation et sans douleur.

(Le Comte de Valmont.)

CHAPITRE IX

Hommes célèbres qui ont préféré aux emplois publics les plaisirs simples de la campagne.

L'an 458 avant Jésus-Christ, l'armée romaine s'étant trouvée enfermée par les Eques et les Volsques, peuples voisins de Rome, Cincinnatus fut nommé dictateur.

2

On le trouva à la campagne conduisant sa charrue et tout couvert de sueur et de poussière. Il leva à la hâte quelques troupes, délivra les soldats cernés, tailla en pièces l'ennemi, et, renonçant au pouvoir au bout de seize jours, il reprit ses travaux ordinaires. A l'âge de 80 ans, nommé de nouveau dictateur, il remporta une autre victoire, se dépouilla au bout de vingt et un jours de la souveraine puissance et refusa toute récompense.

2. — L'empereur Dioclétien, fatigué du pouvoir, se retira à Salone, sa patrie, et se montra aussi grand dans une condition privée qu'il l'avait été en exerçant le souverain pouvoir. Maximilien Hercule le sollicita de se ressaisir du gouvernement: « Venez à Salone, lui répondit-il, vous y verrez si le soin que je prends de mes plantes ne me rend pas plus heureux que ne le ferait un empire, et vous apprendrez vous-même à apprécier le bonheur que je goûte en cultivant mon jardin. » Dioclétien vécut ainsi dans le repos pendant plusieurs années, satisfait de se voir dégagé du fardeau dont on ne sent le poids que lorsqu'il faut le supporter, et plus heureux de passer sa vie au milieu des champs que de commander au monde.

3. — Ausone, poète le plus célèbre du IVᵉ siècle après Jésus-Christ, devenu précepteur de l'empereur Gratien, demeura à la cour tant que son élève vécut; mais il se retira ensuite dans une terre qu'il possédait aux environs de Bordeaux. Partageant son temps entre quelques amis, la lecture et les plaisirs simples de la campagne, il parvint à une grande vieillesse.

Voici ce qu'il dit dans un écrit intitulé : *Ma maison de campagne:*

« Je vous salue, humble toit, ancien royaume de mes

ancêtres, jardin chéri cultivé par mon aïeul et que mon père m'a transmis trop tôt. Sans doute, il est de la nature qu'un fils hérite de son père; mais il est bien plus dans le sentiment de partager sa fortune et sa félicité avec lui. J'ai maintenant toute la peine du ménage, autrefois je n'en avais que les agréments; mon vertueux père se chargeait du reste.

» Cette faible campagne était d'une faible ressource pour nous deux, mais nos cœurs s'entendaient; que pouvait-il nous manquer? Les richesses sont peu de chose; c'est l'âme qui en fait le prix.

» Les désirs de Crésus étaient immenses, et Diogène, qui ne désirait rien, était bien plus heureux. Tout l'or de la Lydie ne satisfaisait pas Midas, tandis qu'Aristippe se trouva content après avoir jeté le sien au milieu des Syrtes. Quand on ne finit pas de désirer, on ne finit pas d'amasser, et l'on ne jouit jamais. »

4. — Similis, sénateur romain, si distingué par son mérite, contribua beaucoup à la fortune d'Adrien. Cet empereur lui donna la charge de préfet de prétoire; mais Similis s'en défit bientôt, et, dégoûté de la cour, il alla chercher dans la solitude le repos et le bonheur. Il passa les sept dernières années de sa vie à la campagne, et, en mourant, il ordonna qu'on mît sur son tombeau cette inscription: « Ci-gît Similis, qui a été sur la terre soixante et seize ans et qui en a vécu sept. »

LIVRE II

LE LABOURAGE

CHAPITRE PREMIER.

L'art de cultiver le sol.

O robuste laboureur ! Avant que le soc ouvre le sein
d'une terre inconnue, sache quels vents y règnent,
quelle est la température du climat, quels sont les procédés de culture consacrés par la tradition ou conseillés
par la nature du sol ; sache enfin quelles plantes le terrain préfère volontiers et celles qu'il refuse de donner.
Ici les moissons viennent plus heureusement ; là ce sont
les vignes ; ailleurs les arbres fruitiers, et les herbages croissent sans culture.

Pour apprécier la bonté du sol ne te fie pas toujours
à l'apparence d'une pousse abondante d'herbes ; souvent
elle n'est due qu'à l'humidité ou à des engrais récents ;
il ne faut pas s'en rapporter non plus aux promesses
que semble faire le bon aspect des céréales au prin-

temps; ce sont les blés qui montrent déjà l'épi, c'est la vigueur des chaumes qu'il faut bien plus consulter. La couleur brune du sol après un labour récent; la même teinte donnée à l'eau qui séjourne dans les raies et au limon qui en est sorti, sont le plus généralement des signes de fertilité.

C'est ainsi que, par des observations assidues, le laboureur découvre la nature et la valeur de chaque sol. Il donne à sa terre tous les soins qu'un enfant reconaissant donne à sa mère.

Courage, laboureur! Dieu jette sur toi des regards de tendresse. Que dès les premiers jours de l'année, tes bœufs vigoureux ou les vaches fécondes retournent les terres grasses et argileuses; que l'été brûlant pénètre et cuise de ses feux les mottes étendues au soleil.

Les labours fréquents, en remuant souvent le sol et en exposant successivement toutes ses parties à l'influence de l'air ou du soleil, détruisent la ténacité des terres argileuses. Ils sont surtout utiles quand ils sont donnés avant l'hiver; car alors le sol, exposé à l'influence des gelées, en est merveilleusement divisé, et il suffit pour les semailles du printemps d'une légère culture.

Si, au contraire, le terrain est sec et sablonneux, les labours doivent être rarement répétés; mais ils seront très profonds afin que le sol conserve l'humidité nécessaire; ainsi les racines des plantes pénètrent plus profondément et peuvent se mettre à l'abri des ardeurs du soleil qui traverse facilement un sol si léger.

Que dirai-je de celui qui, après avoir semé, parcourt ses sillons et rabat sur la semence la glèbe écrasée; qui y amène ensuite l'eau de quelque source voisine qu'il partage en petits ruisseaux? Et quand le soleil embrase les campagnes, que l'herbe se fane, voilà que des hauteurs sourcilleuses du mont il fait descendre une eau salutaire qui, tombant de roc en roc avec un doux murmure, porte la fraîcheur et la vie dans ses champs desséchés.

Parlerai-je aussi de celui qui, pour empêcher que la tige ne s'affaisse sous le poids de l'épi, livre à la dent de ses troupeaux ce vain luxe d'herbe, lorsque à peine la pousse naissante commence à sortir du sillon? De celui qui fait écouler l'eau dormante dont la terre est noyée, surtout dans les mois pluvieux, quand les fleuves débordés couvrent au loin les campagnes?

Et cependant, malgré ces soins assidus du laboureur, malgré le labeur patient des bœufs qui l'aident à remuer la terre, il n'est point à l'abri de la pie vorace, du geai criard, des herbes aux racines amères et envahissantes, ni des saisons funestes.

Mais Dieu n'a pas voulu que la culture des champs fût exempte de peines; il en a fait un art difficile en y excitant les hommes par l'aiguillon du besoin. Courage seulement et confiance en Dieu; et au lieu de ronces et de buissons épais tu auras de fertiles prairies et de riantes moissons.

CHAPITRE II

Moyens d'améliorer les terres.

1. — Il est reconnu que la terre la plus fertile, cette terre franche et noirâtre, qui laisse pénétrer la chaleur et l'humidité, se compose d'environ un tiers de sable, un tiers d'argile et un tiers de pierre à chaux réduite en poudre, mêlés avec environ un quatorzième de terreau

provenant de la décomposition des engrais animaux et végétaux.

Il est donc certain qu'un cultivateur habile parviendra à donner à sa terre cette admirable fertilité en s'efforçant, par des amendements bien distribués, d'approcher le plus possible de cette proportion, c'est-à-dire en apportant des matières sablonneuses, si ses champs en sont pauvres ; de l'argile ou des marnes argileuses si c'est le sable qui y domine, et des matières calcaires si c'est la chaux qui leur manque.

En général, avant de transporter dans un champ des marnes, de la chaux ou des matières sablonneuses, il faut toujours faire un essai sur une petite portion de ce champ et calculer le résultat ; c'est le moyen de ne pas se tromper. Une trop grande quantité de chaux ou de marne peut frapper un champ d'une longue stérilité ; mais si l'on a fait un essai préalable, on ne court jamais ce risque.

2. — La marne est l'amendement le plus généralement employé pour corriger les défauts d'un sol. L'agriculteur le moins intelligent distingue la marne grasse ou argileuse d'avec la marne maigre ou calcaire, et il sait où chacune de ces marnes peut produire un bon résultat.

Ainsi, lorsqu'un terrain compacte et trop argileux ne laisse pas facilement passage à l'eau surabondante des pluies et qu'il est impénétrable aux racines des jeunes plantes, le mélange d'une marne très calcaire le divise, le rend plus facile à cultiver en tout temps et plus accessible à toutes les influences de l'air.

Au contraire, lorsqu'un sol trop léger perd trop facilement son humidité parce qu'il ne retient pas les eaux et qu'il n'offre pas de prise aux racines des jeunes plantes, le mélange de la marne, et surtout de la marne argileuse ou grasse, le rend apte à conserver l'humidité, et donne un meilleur appui aux plantes qui végétaient, dans ce terrain, chancelantes et desséchées.

La marne, employée seule, produit des effets incontestables, mais il ne faut pas croire qu'elle dispense de l'emploi du fumier. Si elle améliore la terre, elle n'est pas pour cela un engrais; seulement, comme elle dispose mieux le sol à la production, elle peut exiger une dose de fumier un peu moins considérable.

Il est un moyen de tirer de la marne un parti très avantageux. L'expérience de tous les temps a fait connaître qu'il est fort important de laisser la marne hors de terre pendant fort longtemps avant de l'employer; si, après qu'elle a été délitée à l'air, on la mélange avec de la terre végétale ou des débris de plantes et qu'on la laisse stratéfier pendant un ou deux ans, elle acquiert une surabondance de vertu fécondante telle qu'une petite quantité produit des effets remarquables.

3. — La chaux produit des effets utiles dans les sols froids et humides plutôt que dans ceux qui jouissent d'une température chaude. On l'emploie avantageusement sur les prairies naturelles après qu'elle a été éteinte; elle y détruit la mousse, les joncs et autres plantes nuisibles. Mais il faut remarquer que les sols fertilisés par la chaux cessent bientôt de produire si l'on n'y met de nouveaux engrais; en effet, en stimulant la végétation, la chaux épuise le sol, et, comme dit le proverbe, en enrichissant le père elle ruine les enfants.

Le moyen le plus sûr de faire un bon usage de la chaux consiste à la mélanger, couche par couche, avec des débris végétaux ou des gazons et à répandre le tout ensemble quand, après un ou deux mois, la décomposition des matières est complète.

4. — On connaît assez les effets du plâtre sur la végétation, et partout l'on a raconté le trait de Franklin. Il donne une vigueur nouvelle aux plantes affaiblies par l'humidité ou par un excès de végétation et agit surtout avec efficacité, répandu sur les champs de trèfle et de luzerne, sur les pois, les fèves, les haricots, et, en général, sur toutes les plantes légumineuses. On en obtient de bons résultats sur les sols argileux et non humides; mais c'est surtout sur les terres légères et sablonneuses qu'il produit des effets remarquables.

Ce n'est pas sur la terre nue et labourée qu'il faut répandre le plâtre, mais bien sur les plantes dont on veut activer la végétation. Son action est très active quand il est répandu le matin avant que le soleil n'ait fait disparaître la rosée, ou après une pluie qui a fortement trempé les feuilles sur lesquelles il trouve alors assez d'humidité pour s'y attacher et pour les pénétrer de ses sucs fertilisants.

Mais cette action est presque nulle lorsqu'il est répandu par un temps sec sur un sol brûlé par le soleil, ou bien lorsque les plantes, trop jeunes encore, n'ont pas les feuilles assez larges pour le recueillir.

Pour faire cette opération, il faut que le trèfle ait au moins 8 ou 10 centimètres de hauteur. On sème à la volée comme pour le froment et à la dose de 3 à 4 hectolitres par hectare.

Il faut remarquer que l'action du plâtre ne peut être répétée trop souvent sans danger; il ne doit guère être répandu sur la même terre que tous les cinq ans.

5. — Les cendres sont également utiles aux sols argileux et aux sols légers, et leurs effets ont été connus de tout temps.

Elles détruisent les mauvaises herbes et sont surtout convenables aux sols humides; elles favorisent la végétation de toutes les récoltes, tant d'hiver que de printemps; des céréales comme des légumineuses, et contribuent à la production du grain, plus encore qu'à celle de la paille. Sur les prés et les pâturages, elles produisent des effets remarquables. Employées à petite dose, leur effet est peu durable et ne se prolonge guère plus de deux ans ; mais quand on a répété plusieurs fois cet amendement, le sol en reçoit une amélioration qui se fait remarquer pendant de longues années.

Des essais comparés ont établi que généralement les cendres lessivées sont préférables aux cendres vives. On enterre les cendres par un léger labour, ou bien on les jette, sans les couvrir, sur les récoltes en végétation, à la dose de 30 à 35 hectolitres par hectare.

Les cultivateurs doivent mettre le plus grand intérêt à conserver les cendres de leur foyer; ils doivent en faire autant que possible en brûlant toutes les substances végétales de peu de valeur et en acheter au besoin, puisqu'elles sont d'une si grande valeur pour améliorer le sol et activer la végétation.

CHAPITRE III

Moyens d'enrichir les terres.

1. — Une terre améliorée par le transport des manures et des autres matières qui la rendent plus propre à la culture est comme une table où le couvert serait mis, mais qui ne contient pas encore les mets qui doivent nourrir les convives.

Les plantes, comme les hommes, ont besoin de trouver une nourriture riche et substantielle qui ranime leurs forces et entretienne leur vigueur.

Après avoir préparé la terre par des amendements bien distribués, il reste donc à l'engraisser et à l'enrichir par cette foule d'engrais que la nature nous offre partout.

Toute la science du cultivateur consiste à produire le plus d'engrais possible.

Les végétaux desséchés, les feuilles des arbres ramassées dans les bois, les mauvaises herbes coupées avant la maturité de leurs graines, les mousses qui croissent abondamment en certains lieux, les genêts, les ajoncs, toutes ces matières et autres peuvent être amenées à l'état de fumier en un temps plus ou moins rapide, si on a soin de les mélanger avec une certaine quantité de chaux, et de les arroser de temps en temps avec du purin ou de la lessive.

Il n'y a pas d'engrais plus puissant que les débris des animaux morts. Le sang, les os, les cornes, les plumes, le crin, les raclures des boutiques des maréchaux-ferrants, la chair elle-même, quand elle ne peut servir à la nourriture de l'homme ou des autres animaux, tous ces débris, enfin, qui restent quelquefois sans utilité, mélangés avec deux ou trois fois leur volume de terre ou de poudre charbonneuse, peuvent engraisser à peu de frais une grande étendue de terre.

27. — Parmi les engrais divers, le fumier est le plus important. Un bon cultivateur cherche sans cesse à augmenter la masse de ses fumiers ; car par les fumiers

il a les récoltes ; par les récoltes, l'argent. Bien labourer et bien fumer, disait Olivier de Serres, est tout le secret de l'agriculture. On croit généralement que le fumier le plus consommé est le meilleur; mais cette opinion n'est pas toujours juste: *Le fumier fait* agit plus promptement et se fait surtout sentir sur la première récolte ; mais les effets du fumier récent sont plus durables.

Le fumier fait vaut mieux dans les terres sèches et chaudes, à cause de la propriété qu'il a de retenir longtemps l'eau des pluies; mais le fumier long est préférable dans les terres argileuses, qu'il soulève et dont il diminue la ténacité.

Le fumier frais a d'ailleurs cet avantage qu'il retient les urines des bestiaux, stimulant si actif pour la végétation, tandis qu'elles sont décomposées, évaporées ou entraînées par les eaux dans les vieux fumiers.

De nombreux essais paraissent avoir établi qu'en général, dans la grande culture, l'usage du fumier récent est préférable.

Les différents fumiers ont des qualités différentes : le fumier de cheval est chaud ; il fermente davantage et active la végétation avec plus de puissance. Il convient surtout aux terres fortes, argileuses et humides.

Au contraire, le fumier de bœuf et de vache est froid; il est préférable pour les terres sablonneuses, sèches et maigres; il fermente lentement et faiblement; c'est avec ce dernier qu'il est avantageux de mêler de la chaux.

Le fumier de mouton est très actif et ses effets se font sentir plus longtemps ; il échauffe la terre et convient à tous les sols; mais plutôt aux terres fortes et froides qu'aux terres sèches et légères.

3. — J'arrive à une grande difficulté, je veux dire à la manière de faire le fumier.

Si on laisse le fumier s'accumuler dans les étables pendant un temps plus ou moins long, il est excellent sans doute, mais c'est au préjudice de la santé des bestiaux. Si on le répand sur toute la surface de la cour, il est exposé à être lavé par les eaux des pluies et à perdre ainsi ce qu'il a de meilleur. Accumulé dans un coin de la cour, dans un trou très profond, il est noyé par les eaux, et, distribué en petits tas dans les champs, il y est desséché par les vents et par les ardeurs du soleil.

La méthode la plus avantageuse paraît être d'extraire le fumier des étables, deux ou seulement une fois par semaine, suivant l'époque de la saison, et de l'amonceler régulièrement dans un lieu creusé à peu de profondeur, à 30 ou 40 centimètres seulement.

On aura soin d'enduire le sol de cette fosse d'une couche de terre argileuse, comme on fait pour le sol d'une grange; dans un des coins on pratique un fossé vers lequel se dirigent les parties liquides par la pente naturelle du sol, et où l'on peut au besoin les prendre pour arroser le tas de fumier.

Plusieurs remplissent cette fosse d'une terre stérile qu'ils ont prise sur les bords des champs ou dans quelque terrain en friche; cette terre, en absorbant le purin et les liquides qui s'échappent du fumier amoncelé sur elle, devient un excellent engrais. En remplissant pareillement de terre de petits fossés qu'on a pratiqués dans l'étable, sous la litière des bestiaux, on augmente la masse du fumier et on utilise le purin de la manière la plus rationnelle.

Les petits fossés de l'étable peuvent être vidés tous

les mois ; et la grande fosse de la basse-cour toutes les fois qu'on en enlève le fumier.

Certains agriculteurs, entraînés par la routine, ne savent faire que du fumier de basse-cour ; et, pour comble de malheur, ils gâtent le peu qu'ils font dans leurs étables, en s'obstinant à le répandre sur toute la surface de celui-là ; ainsi, tout leur fumier est exposé à être brûlé et desséché par le soleil et lavé par les pluies. Comment concilier cette routine avec l'intérêt bien entendu du cultivateur ?

Que je voie toujours dans votre basse-cour une bonne couche d'ajoncs et de fougères ; que toutes les fois que vous enlevez le fumier de l'étable, vous l'accumuliez en le mêlant, couche par couche, avec du fumier de basse-cour plus ou moins décomposé par les roues et le trépignement du bétail : c'est le seul moyen d'obtenir une assez grande quantité d'excellent fumier et de bien utiliser toutes les matières dont on dispose.

Si vous voulez hâter la décomposition du fumier, donnez-lui de la chaleur en y mêlant en petite quantité, soit de la chaux vive en poudre, soit de la chaux éteinte à l'eau. Le plâtre, les cendres de bois, la pierre à chaux réduite en poudre peuvent aussi avec avantage être mêlés avec le fumier, soit pour en activer la dissolution, soit pour lui communiquer les vertus qui leur sont propres.

4. — Les curures ou boues retirées des fossés, ruisseaux, mares et étrangs sont un excellent engrais que le cultivateur ne doit pas négliger ; elles agissent surtout sur les terres légères, qu'elle enrichissent de principes régénérateurs.

On ne doit employer les curures qu'après les avoir

laissé sécher et mûrir pendant un ou deux ans, ayant soin de les remuer plusieurs fois pendant cet espace de temps.

5. — La suie est utilement employée comme engrais et elle produit des effets certains sur les prairies humides ou sur celles qui sont dévorées par la mousse.

Pour la répandre, on la mêle avec moitié terre et on la sème à la volée ; mais on doit en faire usage avec modération, car, employée en trop grande quatité, elle brûle les plantes.

Mêlée avec les fumiers, elle en augmente l'énergie ; elle rétablit la vigueur des arbres épuisés et fait périr les fourmis qui ont creusé leurs galeries entre les racines.

6. — La colombine est l'engrais le plus puissant et le plus actif ; et cependant il est presque perdu par la négligence avec laquelle on le soigne ou l'ignorance avec laquelle on en fait emploi.

Mise sur les terres en sortant du poulailler, la colombine détruit toute végétation par sa chaleur excessive. Différents mélanges sont employés pour en tempérer la chaleur. Souvent on jette dans le poulailler, sous le perchoir des volailles, de menues pailles ou des débris qui forment bientôt avec la colombine une seule et même substance. Ainsi l'on augmente la quantité de cet engrais ; mais cette matière qu'on y mêle n'est pas toujours assez considérable pour que l'emploi en soit sans danger, s'il a lieu immédiatement. Il faut encore laisser évaporer et sécher.

Le mélange le meilleur paraît être celui qui a lieu

avec de la terre, en mettant dix parties de terre pour une de colombine et en formant des couches successives dans une fosse, sous un hangar. Ainsi la colombine communique à la terre une partie de sa puissance fécondante, et le tout est répandu à la fois sur le sol, peu de temps après que ce mélange a été fait.

CHAPITRE IV

Culture des plantes dans les champs.

1. — Il est des plantes qui peuvent croître partout où la main de l'homme les sème ou bien où le hasard porte leurs graines ; mais il en est d'autres qui affectent certains climats, certains sols ; en vain on voudrait avec succès forcer la nature et contraindre le sol à se couvrir d'une végétation qui lui est ennemie.

Il est donc important pour celui qui veut s'enrichir des produits de la terre de bien étudier les goûts, les habitudes de chaque plante et les soins multipliés que chacune d'elles réclame.

2. — Le blé ou froment demande un sol plus argileux que sableux, ayant une certaine consistance et abondant en humus. Des engrais et des labours, voilà la condition du succès ; mais cette préparation du sol doit être faite avec intelligence.

Dans un sol d'une extrême fertilité, il est à craindre que le blé, semé après que le fumier a été répandu, ne pousse avec trop de vigueur et qu'il ne verse quand il est en épis. Dans ce cas, on répand le fumier pour la récolte qui précède.

Des labours trop nombreux seraient nuisibles dans une terre légère ; les tiges de la plante reposeraient sur un sol trop mouvant. On en donnera trois ou quatre dans une terre argileuse, moins dans une terre plus légère, quelquefois un seul après le trèfle qu'on enterre. Le dernier labour doit avoir peu de profondeur, les autres en ont davantage.

Le choix de la semence doit être l'objet des soins les plus sérieux. Le cultivateur soigneux n'a pas besoin de l'acheter au marché : en faisant battre le blé, il a soin de ne tirer des gerbes que les grains des tiges les plus élevées ; il bat au tonneau ou sur une table, puis il fait soigneusement cribler et nettoyer la semence.

L'opinion générale est que la même semence toujours confiée à un même sol ne tarde pas à dégénérer ; cette opinion vient, sans doute, de ce que la semence qu'on achète est toujours plus belle et plus soigneusement criblée que celle qu'on récolte soi-même. Cependant il est bon de semer dans un terrain sablonneux le grain récolté dans un terrain argileux, et réciproquement : c'est le moyen de détruire certaines plantes nuisibles dont les graines sont mélangées avec celles du blé.

La quantité de semence à employer varie suivant la nature du sol, l'état de l'atmosphère, l'époque de l'ensemencement et la qualité de la semence.

Il en faut plus dans un mauvais sol où les produits maigres et chétifs ont peine à couvrir la terre, que dans un sol fécond où chaque pied donne des tiges nombreuses. Il en faut davantage quand l'époque tardive à laquelle on sème ou la température contraire menacent les germes naissants ; il en faut plus enfin quand la graine est moins pure ou moins bien nourrie.

Mais, en général, on met trop de semence ; et des expériences consciencieuses ont prouvé que, dans certains sols, en mettant un cinquième de trop en semence, on obtient à la récolte un cinquième de moins ; c'est donc une perte énorme et que l'intelligence du cultivateur doit chercher à éviter. Pour y parvenir, il n'y a qu'à faire sur la terre qu'on cultive des essais comparatifs.

Herser le blé au printemps, quand la végétation ne fait encore que commencer, est une excellente méthode. Cette opération demande un temps serein, un jour de beau soleil ; en brisant la croûte qui s'est formée durant l'hiver à la surface du sol, on favorise le tallement de la plante en fournissant à ses racines coronales une terre fraîchement remuée.

Quant à la récolte, on a reconnu qu'il y a plus d'avantage à scier les blés au moment où le grain, n'étant plus en lait, est déjà transformé en une pâte farineuse susceptible de s'écraser sous le doigt ; alors il n'y a pas d'égrenage par l'effet des travaux de la moisson ; le grain est moins susceptible de contracter et de transmettre la carie ; et s'il paraît moins pesant au moment de la moisson, il reprend bientôt de l'avantage, même sous ce rapport, quand il s'est durci lentement en meule ou dans la grange.

3. — Le seigle, après le froment, est le grain qui donne la meilleure farine et la plus propre à être convertie en pain.

Il donne une moisson plus abondante d'un cinquième au moins, et il a l'avantage de croître dans les terres légères où le blé ne prospérerait pas, et d'atteindre plutôt sa maturité. Cependant, comme le blé lui est toujours bien supérieur et se vend à un prix beaucoup plus élevé, on ne doit consacrer au seigle que les terrains arides et sablonneux qui, manquant d'humus, ne sont pas propres à la culture du blé.

La préparation à donner au sol pour la culture du seigle est la même que pour celle du blé. On sème de bonne heure ; plus la plante reste longtemps en terre, plus, toutes choses égales, on doit en attendre une bonne récolte.

Quand on sème le seigle pour le donner comme nourriture verte, il offre une récolte précieuse, dès la sortie de l'hiver, aux bestiaux qui manquent alors de nourriture fraîche ; on le coupe pour les vaches, on le donne aux chevaux pour les rafraîchir ; on le fait paître aux moutons ; on peut le couper deux fois, et, dans les bons sols, il pousse encore après ces deux coupes un pâturage qui n'est pas à dédaigner. La terre peut alors être retournée par un labour, et il n'est pas trop tard pour y semer encore des pommes de terre, des haricots ou des raves.

4. — L'orge n'est pas difficile sur le choix du terrain ; elle préfère cependant les terres légères et chaudes, et redoute celles qui sont marécageuses.

Le sol doit être préparé par de bons et profonds labours, car les racines de l'orge plongent plus que celles des autres céréales ; la graine demande à être enterrée de trois ou quatre pouces et dans la poussière, c'est-à-dire dans une terre sèche et bien préparée.

On augmente par les engrais la fertilité de l'orge ; mais il faut craindre de les lui donner trop abondamment, car elle est disposée dans ce cas à prendre une vigueur de végétation qui se porte sur les feuilles au préjudice des grains.

L'orge doit être récoltée quand elle est parvenue à sa maturité complète, c'est-à-dire quand elle est devenue blanche, que son épi s'est recourbé et quelle a cessé de végéter.

En fourrage vert, l'orge rafraîchit et purge; mais on doit avoir le soin de ne la donner qu'avec modération et vingt-quatre heures après qu'elle a été coupée. En grain, elle est plus nourrissante et moins échauffante que l'avoine. Trempée dans l'eau et mieux encore moulue, elle donne aux vaches un lait abondant, et engraisse rapidement les bœufs, les cochons et les volailles. Dans les pays où les chevaux sont nourris d'orge, comme en Espagne, ils sont vigoureux et ont une grande réputation. On croit avoir remarqué que les moutons nourris d'orge sont moins sujets au tournis que ceux que l'on nourrit d'avoine. On ne saurait donc trop recommander une culture plus étendue de l'orge, qui sert à tant d'usages et notamment à la nourriture de l'homme.

5. — L'avoine aime les terrains frais et substantiels, les sables gras, les terres fortes. En général, un seul labour lui suffit, souvent elle réussit moins bien avec deux. Un labour d'hiver lui est très favorable, puisqu'il conserve plus facilement à la terre cette fraîcheur qu'aime l'avoine.

La quantité de semence employée n'est pas la même dans tous les pays. En général, il y a de l'excès à mettre plus de deux hectolitres par hectare. De toutes les manières de semer, la plus avantageuse paraît être de semer sur le labour et d'enterrer à la herse.

Il est une pratique qu'on ne saurait trop recommander, surtout dans les terres compactes, sujettes à se resserrer et à se battre par la pluie : c'est de herser l'avoine à sa seconde feuille par un temps sec. Et quand, doutant de l'efficacité de cette opération, on la fait seulement sur moitié d'un champ, on s'aperçoit bientôt de ses avantages, à la teinte plus verte, à la vigueur plus prononcée de la partie qui a été hersée.

Malgré les inconvénients de l'égrainage, il vaut mieux récolter l'avoine au moment de sa complète maturité, attendu que si on devance l'époque, le grain est moins nourri et moins pesant. De toute manière, il faut que la récolte soit javelée, c'est-à-dire que les javelles ou andins restent sur la terre pendant quelques jours pour que le grain reçoive les influences des rosées ou de la pluie. Mais on ne doit pas prolonger le javelage d'une manière funeste. Il suffit de quelques nuits humides pour que l'effet qu'on en attend soit produit.

6. — Le sarrasin se plaît surtout dans les terres sablonneuses et légères ; cependant, il croît aussi dans celles qui sont argileuses et fortes ; il ne doit être exclu que des terres froides et humides. Un seul labour lui suffit dans les terres fortes ; dans les terres légères, on peut se contenter d'un labour superficiel ou d'un coup de herse. Comme il redoute les gelées, on ne le sème qu'au printemps, lorsqu'elles ne sont plus à craindre.

Dans les pays chauds on ne le sème même que l'été, en seconde récolte après les céréales ; et la rapidité de sa croissance permet d'en obtenir bientôt les produits dans la même année. La graine doit être semée clair ; on en emploie environ le tiers de ce que, dans le même sol, on emploirait de semence de seigle.

Comme toutes les graines du sarrasin n'arrivent pas

en même temps à maturité, l'art du laboureur consiste à choisir le moment où la tige est couverte de plus de graines ayant atteint leur maturité. Ce moment choisi, il faut encore, en raison de la facilité avec laquelle ces graines tombent et se détachent, ne couper les tiges que le matin, lorsqu'elles sont encore humectées par la rosée.

Les bestiaux et les volailles sont très avides de sa graine. On en peut nourrir les chevaux à la place d'avoine, ou la mêler avec cette dernière : aucune graine ne contribue davantage au prompt engraissement des cochons, des bœufs et des moutons; elle fait pondre les volailles de bonne heure, et, employée à leur engrais, elle leur procure une graisse plus fine et plus savoureuse.

7. — Le maïs est non-seulement cultivé pour ses graines, mais encore comme plante fourragère. En France, sa culture n'est avantageuse que sur une partie du territoire, au midi, d'une longue ligne qui s'étend depuis Bordeaux jusqu'à Strasbourg.

Toute terre, pourvu qu'elle soit profonde, bien travaillée et suffisamment améliorée, convient à la culture du maïs; il préfère seulement une terre légère et humide. On sème dans le courant d'avril dans le midi de la France, et plus au nord dans les premiers jours de mai. Il craint les gelées dans sa jeunesse; c'est pourquoi il est prudent de ne le semer que quand le sol est suffisamment réchauffé; la grande science du cultivateur consiste à choisir le moment favorable pour les semailles et à ne semer ni trop tôt ni trop tard.

Dans le cours de sa croissance, on est généralement dans l'usage de lui donner de nombreux binages. Le premier se fait dès que le jeune plant a acquis trois pouces de haut ; le second, lorsque la plante s'est élevée à 35 centimètres ; le troisième, lorsque les fleurs sont prêtes à se développer. C'est en faisant le second qu'on butte fortement le pied de maïs, en ayant soin que les buttes ne soient pas terminées en pointe, mais bien aplaties à leur sommet, afin que les eaux pluviales y séjournent et abreuvent plus abondamment les tiges. Biner le maïs à contre-temps, c'est-à-dire pendant les fortes chaleurs ou pendant un temps de pluie, c'est l'exposer à périr ; il faut donc ne faire ces binages qu'avec les plus grandes précautions.

Le maïs engraisse promptement les bœufs, les cochons, les dindes, les oies et les poules. La meilleure manière de l'employer pour l'engrais des bestiaux ou des volailles, c'est de le leur donner en farine et souvent mélangé avec du son, et délayé dans de l'eau chaude.

8. — La pomme de terre s'acommode de presque tous les sols ; elle peut croître sur les terres où la culture du blé serait stérile. En général, cependant, elle préfère les terres légères.

Un avantage de cette plante excellente, c'est qu'elle peut reparaître sur le même terrain plusieurs années de suite, sans autre diminution de produit que celle qui est déterminée par les variations des saisons et la quantité d'engrais que reçoit la terre ; elle peut paraître ainsi jusqu'à huit années de suite sur le même sol, et l'on économise, de cette manière, les frais de main-d'œuvre, car la terre se trouve parfaitement débarrassée de toutes mauvaises herbes par la culture des premières années.

Pour obtenir une récolte abondante, il faut que la terre ait reçu plusieurs labours profonds ; en effet, plus la couche de terre labourée est profonde, plus on doit en attendre des résultats heureux, les racines pouvant alors aller chercher leur nourriture à une plus grande distance.

Les engrais ne sont pas moins utiles, et peu de récoltes récompensent aussi généreusement le cultivateur de ceux qu'elles ont reçus. Ceux qui conviennent le plus à cette plante sont, d'après de nombreuses expériences, un mélange de cendres et de fumier d'étable, le fumier de volaille mélangé avec des cendres. On recommande enfin le fumier de cochon et les chiffons de laine. Souvent on enterre le fumier avec le dernier labour ; mais il vaut mieux l'enterrer par le second labour, celui qui est donné au commencement de l'hiver, parce qu'arrivé au moment de la plantation, l'engrais sera mieux incorporé au sol.

Des expériences nombreuses paraissent prouver que l'emploi des petits tubercules entiers, pour les semailles, est préférable à toute autre matière, pourvu que ces tubercules soient arrivés à leur entière maturité. On peut encore employer avec succès des tubercules coupés par parties conservant chacun plusieurs yeux ; mais il est très dangereux de ne semer que la pelure avec quelques yeux, puisque dans ce dernier cas le germe manque de la nourriture que la chair ou pulpe du tubercule lui fournit.

Quand une fois la pomme de terre est plantée, il ne faut pas lui ménager les façons d'entretien et de culture, son produit étant toujours en proportion des soins qu'elle a reçus.

Plus la pomme de terre a conservé son feuillage qui l'abrite et la nourrit, plus sa récolte est abondante ; c'est donc folie de faire pâturer par les bêtes, ou couper, pour le leur faire manger, les pampres des pommes de terre avant leur maturité.

La récolte doit être faite à l'instant de leur maturité complète, qui s'annonce par le dessèchement des fanes. On obtient ainsi des produits plus abondants et des fruits ayant acquis toute leur saveur. Pour arracher les pommes de terre à la charrue ou à la houe on va de la première rangée à la troisième, de la troisième à la cinquième, et ainsi de suite. Pendant ce temps, les ouvriers enlèvent les pommes de terre, et la charrue reprend ensuite les rangées abandonnées à dessein; c'est le moyen de ne pas enterrer confusément les pommes de terre les unes sur les autres.

Pour conserver les pommes de terre pendant toute l'année, il suffit de les abriter contre les gelées. Au printemps, il faut les mettre dans un lieu sec et les couvrir de sable, également bien sec, ou de cendres. Dès qu'on aperçoit les germes qui se développent, on visite les pommes de terre et on rase toutes les pousses.

9. — Le lin aime surtout les bonnes terres légères et argileuses convenablement mêlées de sable. Dans les terres légères, il demande un labour assez profond; dans les terres fortes et humides, il lui faut des labours croisés; il redoute à la fois le défaut et l'excès de l'eau, et quelle que soit la terre à laquelle on le confie, il lui faut des engrais abondants, des fumiers consommés et un sol parfaitement divisé et remué.

Le choix de la semence est d'une grande importance : la meilleure est la plus lourde, la plus grosse, d'une teinte brun clair; elle peut garder sa faculté germinative pendant deux ou trois ans, pourvu qu'on la conserve dans un lieu sec et aéré et surtout dans ses capsules. La nature du sol indique quelle quantité de semence on peut employer; on en répand environ 180 kilog. par hectare; on en met davantage si l'on veut tirer parti de la graine. On commence à semer dès les premiers jours de mars, jusqu'aux premiers jours de mai; souvent on sème en automne, après la récolte du maïs. Les nuits froides sont nuisibles aux jeunes plantes. Cependant, dans tous les lieux où l'on sème de bonne heure, on recueille en général de plus beau lin.

On a soin de lui donner un ou deux sarclages pendant qu'il n'est pas trop élevé; on marche, pour cette opération, le visage tourné contre le vent, afin que son souffle aide à relever la jeune plante, fatiguée de cette opération. Il ne reste plus qu'à attendre la récolte et à l'arroser pendant la sécheresse, dans les lieux où cela est possible.

L'époque de la maturité du lin s'annonce par le changement de couleur de la tige, la chute d'une partie des feuilles et l'ouverture naturelle des capsules.

Quand on a retiré la graine au moyen du battage, on étend le lin, soit sur des gazons ou des prairies, soit sur un champ d'avoine ou de blé, pourvu que ce ne soit pas dans un champ fumé récemment, et on attend ainsi, de l'influence de l'air, de l'humidité et des rosées, la dissolution du gluten qui unit les filaments de la tige. C'est ce que l'on appelle le *rouissage*. Quand le temps est favorable, il ne faut pas plus de quinze jours pour que cette opération soit terminée.

CHAPITRE V

Le trèfle et la luzerne.

1.— Le trèfle préfère des terres fraîches et légères, mais toutes celles qui ne sont pas très humides ou très arides lui conviennent. La terre qui doit être ensemencée en trèfle ne saurait être trop préparée à l'avance par de bons et profonds labours, qui permettent aux racines de pénétrer profondément.

C'est au mois de mars, et même dès le mois de février, qu'on sème le trèfle, le plus ordinairement avec l'avoine, ou sur une céréale d'hiver. Il faut de 8 à 10 kilogrammes de graine pour ensemencer un hectare de terre. La graine demande à être légèrement enterrée; si elle l'était trop, elle ne lèverait pas. Si donc on sème avec une céréale de mars, comme l'orge et l'avoine, il faut ne le faire qu'après que cette céréale a été complétement hersée, et se contenter, après avoir semé le trèfle, de passer une herse très légère; si même le temps est humide, on peut se dispenser tout à fait du hersage; une pluie légère suffit pour faire pénétrer la semence à la profondeur nécessaire.

L'année qui suit celle de l'ensemencement, le trèfle est dans toute sa vigueur, et sa croissance rapide peut fournir jusqu'à deux ou trois coupes.

On doit faucher le trèfle lorsque sa floraison est complète; plus tôt, il ne serait pas encore assez nourrissant; plus tard, ses tiges sont devenues trop dures, et il perd une partie de ses feuilles, qui tombent et jonchent le sol.

Dans les sols où le trèfle se plaît, il donne dans la

troisième année une récolte assez avantageuse. Dans les sols médiocres, il peut être utile de le conserver pour donner, dans cette troisième année, un pâturage pour les bestiaux ; plus le trèfle reste dans la terre, plus il l'enrichit, soit par le détritus de ses feuilles, soit par l'humus que forment ses racines en se décomposant. Il devient alors un excellent engrais, dont l'influence se fait sentir sur les récoltes suivantes.

Les trèfles réservés pour graines se coupent à leur complète maturité, et, après les avoir fait dessécher, on les conserve dans un lieu sec, jusqu'à l'époque des semailles. La graine se conserve ainsi beaucoup mieux que si elle était aussitôt séparée de son enveloppe ; elle n'est pas sujette à s'échauffer comme celle qui est renfermée dans les sacs, ou à se dessécher comme celle qui est étalée dans les greniers, et elle s'améliore en outre par l'effet du temps.

2. — Le trèfle incarnat, qu'on nomme aussi farouch ou ferrou, se sème dans le mois de septembre, ou même à la fin d'août, après une récolte d'avoine ou de blé ; on sème sur le chaume et l'on enterre par un hersage. Dans les terres fortes et argileuses, il est mieux de donner un labour, mais un labour superficiel. On emploie 20 kilog. environ de graine mondée et 8 à 10 hectolitres de graine en gousse. Quel avantage ne présente pas une telle plante, qui donne, presque sans culture, à peu de frais, une abondante récolte de fourrage, sans que l'ordre des récoltes accoutumé soit aucunement dérangé !

3. — La luzerne demande un terrain léger et substantiel, ni trop sec, ni trop humide, et une couche vé-

gétale profonde, pour que ses racines puissent s'étendre et pénétrer en liberté.

Elle prolongera son existence dans un bon sol pendant vingt ans, et dépérira au bout de trois ou quatre ans dans un terrain sans profondeur. Dans les terres arides et peu profondes, il est plus avantageux de semer du sainfoin ; il vaut mieux semer du trèfle dans celles qui sont argileuses et trop fraîches.

Un champ bien planté de luzerne fleurissante peut donner trois fois plus de foin que le meilleur pré, et, en outre, aucun fourrage ne saurait lui être comparé pour la qualité ; aucun n'entretient aussi bien les animaux en bon état de graisse et ne contribue autant à augmenter la quantité de lait des vaches et des brebis.

Pour semer la luzerne il faut préparer le terrain par de très profonds labours et lui donner des engrais généreux et consommés.

On peut semer depuis le mois de mars jusqu'au mois de septembre. La luzerne craint le froid, et quand l'hiver arrive, avant qu'elle ait assez de force, il est difficile qu'elle résiste à ses rigueurs. On sème donc de préférence au printemps, lorsque les gelées ne sont plus à craindre, avec de l'avoine ou de l'orge, qui abritent le plant dans sa jeunesse et le préservent des ardeurs du soleil ; on procède comme pour le trèfle. Généralement on emploie par hectare 20 à 25 kilog. de graine.

Le moment à choisir pour la faucher est celui où elle commence à entrer en fleur. Autant que possible, on la coupe après la pluie afin que la terre, encore humide, donne une végétation plus active aux nouveaux jets qui vont naître.

CHAPITRE VI

Les prairies naturelles.

Les prairies sont d'une utilité incontestable en agriculture ; elles forment à elles seules la richesse de certaines contrées, où elles offrent le moyen de nourrir une grande quantité de bestiaux : par les prairies on augmente, avec la quantité des bestiaux, l'abondance du fumier ; et par l'abondance du fumier, la fécondité de la terre. Aussi les agriculteurs intelligents n'ayant pas de terrains qui se couvrent naturellement de prairies, ont-ils créé beaucoup de prairies artificielles au moyen du trèfle et de la luzerne, qui offrent les riches récoltes des prairies naturelles.

Quand on a un terrain qui, se gazonnant facilement, ne peut être économiquement livré à la charrue, soit en raison d'une position trop escarpée, soit en raison du débordement d'un cours d'eau voisin, on doit le réduire en prairie naturelle. Il en est de même dans les sols où la culture du trèfle et de la luzerne ne peut réussir, et dans ceux qui, arides ou sablonneux, peuvent, en raison de la disposition des lieux, être fécondés par un arrosage suffisant.

On ne saurait apporter trop de soin pour se procurer de bonne semence de prairie. L'époque de l'ensemencement varie suivant la nature du sol et l'état de l'atmosphère : avec un climat variable et plutôt humide que sec pendant l'été, on doit préférer le printemps ; mais dans les contrées méridionales, où l'on a à redouter un été sec et prolongé, on doit préférer l'ensemencement d'automne. Une bonne méthode consiste à associer la graine avec une demi-dose de trèfle incarnat. Ainsi on procure à la jeune prairie un abri à l'ombre

duquel elle croît et se fortifie. Les semenc
petites demandent à être fort peu enterrées.
de donner un coup de herse avant de la rép
c'est sur le sol ainsi aplani qu'on la jette et
recouvre à l'aide d'une herse désarmée de ses
mais entrelacée de branchages.

La prairie une fois établie, il s'agit de pratiquer
arrosements quand cela est possible, et d'arracher to.
tes les plantes nuisibles avec le plus grand soin ; souvent il suffit, pour les faire disparaître, d'un amendement
de chaux ou de cendres.

Dans les prairies sèches, couvertes de fougères, de
bruyères ou d'ajoncs, on s'arme de la pioche ou bien
on y met la charrue, et on y établit une culture régu-
lière.

Quand la mousse envahit la prairie, on a recours,
pour l'arracher, à la herse à dents de fer ; on la brûle
et on en disperse les cendres sur le sol.

Les engrais augmentent les produits d'une prairie
d'une manière remarquable. Non-seulement on y répand du fumier, mais encore, et avec plus de succès,
on emploie la vase des étangs, du terreau, la terre des
forêts, du curage des fossés et des compost. Quelquefois il a suffi, pour améliorer une prairie fangeuse, de
répandre à la superficie une légère couche de sable.
Tous les engrais qu'on répand dans la prairie doivent
être d'une nature telle qu'ils puissent avoir pénétré
dans le sol quand vient le moment du fauchage. Les
cendres, la colombine et le guano, qu'on répand à la
volée, comme le blé, doublent et triplent souvent la récolte des prairies.

CHAPITRE VII

.ture des plantes dans les jardins.

En général, la culture des jardins est très né-
, dans les campagnes, et la ménagère, qui devrait
.uver sa plus grande ressource, se plaint toujours
manque de légumes.

Cela vient, sans doute, de ce qu'on ignore les soins
qu'il convient de donner à chaque plante, la culture qui
lui est propre et l'époque de l'ensemencement ; en
effet, si l'on savait semer et replanter à temps, on ne serait jamais exposé à voir son jardin nu et stérile
comme une terre abandonnée.

Qu'on étudie donc chaque plante en particulier ; qu'on
ne laisse jamais le plus petit coin de terre sans une
destination, et bientôt les ménages regorgeront d'a-
bondance.

2. — L'ail se plaît dans toutes les terres, excepté
dans celles qui sont humides ; il préfère les terres sablonneuses. Comme les racines acquièrent une grande
extension, il demande un sol profondément remué.

L'ail se multiplie de graines ; mais il faut alors attendre
deux ou trois ans la maturité de ses bulbes ; aussi l'on
préfère le multiplier par ses gousses, qu'on plante
depuis janvier jusqu'en mars, en laissant entre elles un
espace de 4 ou 5 pouces. On l'arrache lorsque ses
feuilles sont desséchées.

L'ail est favorable à ceux qui sont atteints du scorbut
et de l'asthme. Les gens de travail, comme les soldats
et les laboureurs, réduits à se nourrir d'aliments grossiers ou à boire des eaux corrompues, se trouveront
fort bien d'en faire usage.

3. — La betterave, longtemps méconnue, est devenue en peu de temps une des cultures les plus importantes, surtout depuis que l'industrie de nos fabricants est parvenue à en extraire un sucre qui rivalise avec le sucre de l'Inde.

Dans les pays où elle a un débouché, on ne doit pas négliger de la cultiver en grand ; dans les autres contrées, on se contente de la cultiver dans les jardins ou dans quelque petit champ très propre à cette culture.

Elle demande une bonne terre remuée par de profonds et nombreux labours. Si le sol est en très bon état et enrichi par une fumure récente, on peut se dispenser de fumer ; autrement, une demi-fumure au moins doit être donnée à l'époque du premier labour qui se donne pendant l'hiver. Comme elle craint les gelées, on ne la sème qu'à la fin d'avril ou à la mi-mai.

La récolte des racines se fait au mois d'octobre ; on coupe le collet, on lave les racines et on les laisse sécher, enfin on les empile avec ordre dans un lieu où elles sont à l'abri du froid et de l'humidité. Pendant l'hiver on les mange en salade et, si on en a avec abondance, on peut en donner à tous les animaux de basse-cour, qui les mangent avec avidité.

4. — La carotte veut une terre très remuée, fécondée par des fumiers qui aient eu le temps de se consommer dans le sol et qui, même, aient déjà nourri une première récolte ; les fumiers récents lui sont contraires en occasionnant des bifurcations dans les racines.

Il y a plusieurs variétés de carottes, mais la rouge est plus recherchée pour la cuisine. On sème à la volée, en avril et en septembre ; mais il faut avoir le soin de protéger les derniers semis pendant l'hiver en les couvrant de paille.

Dans le Midi on sème jusqu'au mois de septembre ; des arrosements, des sarclages sont ensuite les soins que la plante exige. Pour conserver les carottes pendant l'hiver, il suffit de les couvrir de paille au temps des gelées.

5. — Le chou, qui est d'une si grande importance dans [un ménage, exige une terre bien préparée et suffisamment engraissée. Il est préférable d'y employer des fumiers consommés, car cette plante prend facilement l'odeur des fumiers récents.

On sème les choux pommés avant l'hiver, dans la dernière quinzaine d'août et à la fin de mars. Ceux qui sont semés à la première époque sont replantés en octobre ou en février, et donnent leur récolte depuis la fin d'avril jusqu'au mois d'août. Ceux qu'on sème en mars sont replantés en avril, et leur récolte succède à celle des semis d'automne et se prolonge jusqu'en novembre et décembre.

Les semis des choux verts se font depuis février jusqu'en juillet. On replante par un temps couvert et pluvieux, quelle que soit l'espèce de chou ; autrement ils demandent des arrosements au commencement de leur plantation.

6. — Les fèves se sèment d'avril à mai et souvent en automne, à une bonne exposition, dans un sol frais, bien travaillé et bien fumé.

On les bine plusieurs fois dans le cours de l'année, par un temps humide. On pince l'extrémité des tiges pour déterminer toute la séve à se tourner au profit du fruit ; mais cette opération ne doit avoir lieu que lorsque les fleurs de la fève sont tombées.

En semant les fèves en décembre, on recueillera au printemps ; il suffira de les couvrir de paille pendant les grands froids.

Si on cueille les fèves avant leur maturité, il faudra couper les tiges à quelques pouces de terre, et si le temps est favorable, on obtiendra une nouvelle récolte.

7. — On peut semer des haricots depuis la fin d'avril jusqu'à la fin de mai, si on veut qu'ils atteignent leur maturité ; et depuis le commencement de juin jusqu'à la mi-juillet, pour les manger verts à la fin de l'été et dans l'automne.

Ils demandent un terrain engraissé de préférence par le fumier de vache, qui conserve son humidité plus longtemps que celui de cheval.

On prépare la terre par plusieurs labours, l'un avant, les autres après l'hiver.

Si on en sème avec le maïs, on doit préférer le haricot nain ; les haricots montants, en grimpant le long de la tige du maïs, lui sont très nuisibles, en ce qu'ils en arrêtent plus ou moins la végétation.

8. — Il n'est point de mois dans l'année où l'on ne puisse semer la laitue.

Les laitues de printemps se sèment en mars sur couche ou sur terreau, dans un abri, et se replantent en avril. On les sème aussi fort clair, en février, parmi les oignons et les carottes.

Les laitues d'été se sèment de la même manière et à la même époque, mais on en prolonge les semis jusqu'en juillet.

Les laitues d'hiver se sèment depuis le 15 août jusqu'au 10 septembre, et se replantent jusqu'à la fin d'octobre, dans des plates-bandes au midi, ou au pied des murs. On les préserve des fortes gelées en les couvrant de paille ou de grande litière, que l'on ôte dès que le temps le permet.

Les laitues aiment une terre légère, bien fumée et bien labourée, et la seule précaution à prendre dans la transplantation des pieds consiste à ne pas trop les enterrer ni presser la terre contre les racines. Des arrosages fréquents ensuite, quand le temps le demande, voilà tous les soins que les laitues réclament.

9.— L'oignon aime un sol gras et humide, une terre légère et fraîche. Les terreaux ou les fumiers bien consommés, les curures des étangs et des rivières, et surtout une légère couche de suie répandue entre les lignes, voilà les engrais qu'il préfère.

On sème, en général, la graine d'oignon au mois de mars ou d'avril, quelquefois en décembre ; si elle lève trop épais, il faut l'éclaircir et laisser les plus gros oignons à 5 ou 6 pouces les uns des autres. Quand le plant d'oignons a la grosseur d'une plume à écrire, on le replante dans un carré préparé par une fumure abondante et de bons labours.

Lorsque l'oignon a fait sa pomme, ses fanes commencent à jaunir et à tomber sur les côtés; c'est alors qu'il faut l'arracher pour le conserver plus longtemps. On fait sécher les oignons et on les nettoie pour les conserver dans un lieu sec, où on les suspend au moyen de leurs fanes.

10. — L'oseille des prés et des jardins entre dans l'assaisonnement de beaucoup de mets et se mange partout crue ou cuite. Elle commence à pousser aussitôt après la fonte des neiges et donne son feuillage à récolter pendant tout le cours de l'année.

On multiplie l'oseille de semence par le déchirement des vieux pieds. Quand on veut faire ces semis, on récolte les graines à la fin de l'été et on les sème dès cette époque, ou plus ordinairement dans le mois de mai, quand les gelées ne sont plus à craindre.

Lorsqu'on veut multiplier l'oseille par le déchirement de ses pieds, on les arrache en automne et on les divise en autant de morceaux qu'il y a de rosettes de feuilles au collet des racines.

Le plus souvent c'est en bordures que l'on cultive l'oseille ; la graine doit être légèrement recouverte. Le plan levé est éclairci et arrosé pendant les fortes chaleurs ; et, avec quelques soins, une plantation une fois établie peut durer jusqu'à dix ou douze ans.

11. — Le persil aime tous les sols, mais les fumiers trop gras nuisent à sa saveur. On peut le semer en tout temps, excepté pendant les gelées ; sa graine ne doit pas être enterrée de plus d'un demi-pouce, et elle ne lève qu'au bout d'un mois ou quarante jours.

Dès qu'il y a cinq ou six feuilles, on peut commencer à en couper et continuer ainsi jusqu'aux gelées. Quand on a eu soin de toujours couper ses tiges avant qu'elles fleurissent, on peut prolonger son existence et le faire durer pendant trois ans.

12. — Les pois de saison se sèment tous les quinze jours, depuis janvier jusqu'en mai, afin d'en avoir une récolte toujours nouvelle.

Toute espèce de terre convient à la culture des pois ;

mais le fumier leur est très nuisible, en ce qu'il donne une vigueur de végétation qui nuit à la formation du grain ; on y supplée par du terreau bien consommé et des labours fréquents et profonds.

On les plante en rayons, établis à huit pouces les uns des autres. Il ne faut plus que des sarclages ou des binages jusqu'à la récolte. On peut cependant pincer la tige à sa troisième ou quatrième fleur : on hâte ainsi la maturité des fruits alors noués et l'on en augmente la grosseur.

13. — La graine de rave et celle de navet étant très fines, il est difficile de les semer régulièrement à la volée ; pour y parvenir, on les mêle avec deux ou trois fois leur volume de terre sèche ou de sable.

Pour récolter la graine, on conserve pendant l'hiver les plus belles racines ; puis, dès que les gelées tardives du printemps ne sont plus à craindre, on les replante dans les jardins ou dans quelque champ voisin de la maison.

On préserve les graines de l'invasion des oiseaux au moyen de chiffons ou d'étoupes, qu'on met sur le sommet de la tige, et quand les capsules sont devenues jaunes, on coupe les tiges, qu'on suspend au grenier pour que la graine acquière toute sa perfection.

On peut en semer toute l'année, l'hiver sur couches, et l'été à l'ombre, autant que possible ; on arrose souvent pour que les racines soient tendres.

On peut nourrir avec les raves et les navets non-seulement les bestiaux, mais encore les volailles, qui s'en montrent fort avides. Ils offrent un secours puissant pour l'engrais des bœufs et des moutons, mais il est bon de les mélanger avec des fourrages.

On sème en septembre quand on veut avoir des pâturages précoces au printemps. Il faut environ deux kilog. et demi de graine par hectare de terre.

Un sol profondément remué, assez humide, et des engrais bien consommés, telle est la préparation que demande cette culture.

14. —- La tomate se sème à un bon abri, depuis le mois de février jusqu'au mois de mars, afin de recueillir ses fruits à différentes époques.

Les plants une fois levés demandent à être éclaircis, sarclés et binés ; surtout, arrosements fréquents en été. Quand on replante, cela doit se faire contre un mur exposé au midi et dans une terre bien fumée et bien travaillée.

Quand les plants ont environ quinze pouces, on les attache à un échalas ou sur un treillage. On pince les sommets des tiges quand elles ont de trente à quarante centimètres, ainsi que les pousses secondaires au-dessus des fleurs. Lorsque la plupart des fruits sont arrivés à moitié grosseur, on commence à effeuiller, et l'on retranche les petites pousses nouvelles. Plus tard, on effeuille complétement, afin que les fruits soient tout à fait exposés au soleil.

CHAPITRE VIII

Les Bois et Forêts.

1. — J'ai parlé jusqu'ici de la culture des champs et des plantes les plus utiles à l'homme ; maintenant je vais conduire le laboureur dans les vastes forêts, où il doit remplacer les arbres antiques par des plants jeunes et vigoureux, et dans les vergers plantés en ligne, où il trouve toujours un fruit pour se rafraîchir.

Je dirai d'abord que la nature agit diversement dans la production des arbres. Les uns, sans y être forcés par la main des hommes, viennent d'eux-mêmes et croissent au hasard, dans les champs et le long des rives tortueuses des fleuves, comme le flexible osier, le genêt pliant, le peuplier et le saule dans sa verdoyante blancheur.

D'autres veulent être semés, comme le haut châtaignier et le chêne majestueux; d'autres voient sortir de leurs racines une forêt de rejetons, comme l'orme et le cerisier. Telles sont les premières voies que la nature a suivies dans la production des arbres ; ainsi verdit leur espèce entière dans les forêts, dans les vergers et dans les bois.

Il est d'autres procédés qu'a trouvés l'expérience : celui-ci, détachant une jeune tige du tronc maternel, la plante dans des sillons préparés ; celui-là enfonce dans la terre, soit la souche même, soit des branches taillées en pointes comme des pieux ; ailleurs on courbe en arc une branche flexible et on la plante vivante dans le sol qui l'a vue naître. Souvent même, on a vu les rameaux d'un arbre greffé se changer en ceux d'un autre sans le faire souffrir : le poirier, ainsi métamorphosé, porte des pommes ; et le cornouiller pierreux se teint des couleurs vermeilles de la prune.

Vous donc, ô laboureurs ! étudiez avec soin les diverses espèces, pour donner à chacune la culture qui lui convient, et apprenez à dompter par la greffe l'âpreté des fruits sauvages. Ne laissez point les terres oisives; plantez toujours : que je voie le raisin sur le flanc des coteaux, et dans les forêts, des arbres gigantesques.

(VIRGILE.)

2. — Dans la culture des bois, comme dans celle de

toutes les productions du sol, on doit considérer leur formation, leur entretien et leur culture. La formation d'un bois s'opère par semis et par plantation.

Les semis, bien préférables à la multiplication par bouture ou par rejetons, fournissent des sujets en plus grand nombre, de plus belle venue et de plus longue durée.

La semence doit être récoltée à sa complète maturité, elle doit être semée à l'époque la plus voisine de la récolte, à moins que la jeune plante ne soit de celles qui redoutent les rigueurs de l'hiver.

C'est une règle générale pour les graines forestières que, plus elles sont fines, moins elles doivent être recouvertes. Il suffit de répandre sur le sol les semences d'acacia, de peuplier, de bouleau et de pin ; elles n'ont pas besoin d'être recouvertes et lèvent à merveille. On sème les glands de chêne et les fruits du châtaignier en terre fraîche et ombragée ; la graine de l'orme ne doit être recouverte que d'une couche très mince de terre légère ; les semences plus grosses peuvent être enterrées à la charrue ou à la herse.

La terre qui reçoit les semis doit avoir été fraîchement remuée, soit à la charrue, quand la disposition du sol le permet, soit à la herse ou à la pioche. Pendant la première année, les soins de culture seraient en général funestes aux jeunes plants ; en remuant la terre autour de leurs pieds, on risquerait de les arracher. Les mauvaises herbes elles-mêmes leur sont un abri dont ils ont besoin, et qui les défend de l'ardeur trop vive du soleil. Ce n'est donc que la seconde année, en général, que l'on peut donner un léger binage, au printemps ; la troisième année on en donne deux, et enfin on replante.

3.—Les plantations se font, soit avec de jeunes plants élevés dans les pépinières, soit avec ceux arrachés dans les forêts : les premiers sont toujours meilleurs, parce que leurs racines sont plus chevelues et plus propres à braver le soleil et les intempéries. On plante depuis la chute des feuilles jusqu'à leur renouvellement. L'automne est préférable dans les sols légers et chauds ; le printemps, dans les terrains argileux et humides.

Il en est peu qui ne trouvent du plaisir à planter. L'un plante pour orner la retraite qu'il s'est choisie : les arbres sont la véritable parure de la terre ; l'autre plante pour enrichir sa propriété, pour en obtenir des fruits nouveaux et pour assurer un avenir à ses enfants. Aucun sentiment, aucun goût n'est plus digne d'occuper l'homme de bien.

On ne saurait trop préparer le sol destiné à recevoir des plantations, et les trous ne sauraient être trop grands. Des expériences faites avec soin ont établi que, sur plusieurs arbres plantés dans des trous de différentes grandeurs, les progrès dans le développement des branches et l'abondance des récoltes ont été précisément en proportion avec la grandeur des trous.

Avant de planter, il est bon de remuer le fond du trou, qui doit être fait au moins un an à l'avance, et d'enlever les pierres et les feuilles qui pourraient s'y trouver. On dispose l'arbre, après avoir coupé l'extrémité des racines qui ont été desséchées par le hâle ou mutilées en les arrachant. On recouvre les racines de la terre prise à la surface du sol, qui est la meilleure pour favoriser la végétation. Lorsque le trou est aux deux tiers plein, on foule légèrement la terre sur les racines et on ne laisse aucune cavité entre elles, ce qui pourrait être la cause de la mort de l'arbre.

CHAPITRE IX

Les arbres forestiers.

1. — ACACIA. — Son bois est excellent, très dur, susceptible de se fendre aisément; on en construit des courbes de vaisseaux, des pièces pour les moulins, des meubles, des cercles et des échalas.

Cet arbre aime un sol frais et profond ; il croît avantageusement dans les terres médiocres, dans les sables humides et dans les argiles caillouteuses.

On le multiplie par racines, par rejetons et par graines. Ce dernier moyen est le plus facile et donne du plant de meilleure qualité. On laisse la graine sur l'arbre jusqu'à la fin de l'automne; on la récolte alors et on la conserve dans les gousses jusqu'au printemps, époque où on la nettoie et où on la sème.

La plantation de l'acacia en place se fait pendant l'hiver; lorsque l'arbre a atteint cinq ou six ans, on ne lui coupe pas la tête, mais seulement on en raccourcit les principales branches à un ou deux pieds du tronc.

2. — AUNE. — Il croît au bord des eaux et dans les terrains marécageux. Son bois précieux a la propriété de ne pas s'altérer dans l'eau, et il est avantageusement employé à la construction des conduits souterrains et des pilotis. Les tourneurs en fabriquent des chaises; on en fait aussi des pelles et des sabots fort légers. Employé pour le chauffage, sa flamme est claire, sa combustion rapide ; les boulangers le recherchent pour leurs fours.

On fait venir l'aune par semis et par tous les autres moyens. Quand on veut faire un semis au bord d'un ruisseau ou dans un lieu marécageux, on remue le terrain au printemps et on y répand la graine qu'on a récoltée en automne et conservée dans un lieu frais, mais on a soin de ne pas la recouvrir, ce qui l'empêcherait de germer.

On peut aussi enterrer dans un sol convenable à l'aune une branche toute entière à trois ou quatre pouces de profondeur, en laissant sortir de terre, de cinq à six pouces environ, l'extrémité des rameaux qu'on a laissés dans leur entier. Dans l'année même on voit sortir une forêt de rejetons que l'on replante l'hiver même.

3. — Bouleau. — Le bouleau se multiplie, comme l'aune, de toutes les manières, et il a l'avantage de croître dans des terres où d'autres arbres ne pourraient être plantés avec succès ; tantôt dans les sables arides et brûlés du soleil, tantôt dans les marais fangeux. On fabrique de son bois des ustensiles de ménage, des gobelets, des sabots et des cercles.

Pour faire un semis, on répand la graine sur le sol, sans l'enterrer, au moment même où elle vient d'être recueillie et sous l'abri de quelques ombrages, par un temps calme et pluvieux, de préférence à l'exposition du nord.

Quand on préfère une plantation, on fait arracher dans es forêts des plants de deux ou trois ans, on les plante sans labourer la terre : à l'automne, dans un sol sec, et au printemps, dans un sol humide.

L'année suivante on coupe entre deux terres la tige des jeunes pieds, afin que les racines poussent de nouveaux rejets plus nombreux. Leur végétation rapide récompense bientôt les soins du cultivateur. Pour favoriser l'entretien de taillis de cette nature, il faut remuer un peu la terre deux ou trois ans avant l'exploitation et un peu avant la chute des graines, de sorte que de nouvelles tiges, naissant des graines tombées, remplacent les tiges vieillies.

4. — Charme. — Son bois est d'un grand usage dans le charronnage, mais on ne doit l'employer que lorsqu'il est très sec ; on en fabrique des manches d'outils, des vis de pressoir, des dents de roue pour les moulins. Comme bois de chauffage, il est au premier rang ; son charbon est excellent pour les foyers, la cuisine et la fabrication de la poudre.

Le charme vient bien dans tous les terrains, pourvu qu'ils aient de la profondeur ; mais il préfère les sables et les terres calcaires. Il se multiplie de ses graines, que l'on sème aussitôt après la récolte dans une terre remuée, fraîche et ombragée ; ce n'est qu'au bout d'un an ou dix mois qu'elles lèvent ; pendant ce temps, on sarcle, on arrose, mais une fois levé, le plant acquiert assez de force pour étouffer les herbes nuisibles.

5. — Chataignier. — C'est un des arbres les plus précieux de nos forêts par la qualité de ses fruits, qui, dans une partie de la France, sont la nourriture principale des habitants.

Le bois de châtaignier est peu propre pour la grande charpente ; mais en revanche il est excellent dans sa jeunesse, soit pour faire des charpentes légères, soit pour fabriquer des pieux, des échalas, des cercles, et il a l'avantage de pourrir difficilement, soit dans la terre, soit dans l'eau ou dans l'air.

Les semis de châtaignier se font à demeure ou en pépinière. Quand on sème pour obtenir un bois, on laboure profondément le sol, et l'on sème, soit au moment où la châtaigne vient de tomber de l'arbre , soit après l'hiver, dès que les fortes gelées ne sont plus à craindre. Dans ce dernier cas, il faut avoir le soin de conserver les châtaignes dans du sable fin. On sème à la main dans les sillons de la charrue et on recouvre la semence avec la herse.

Après que le terrain a été labouré et hersé, on peut aussi faire de petites fosses de 8 à 10 pouces en tout sens, bien alignées à l'aide d'un cordeau, et placer dans chacune d'elles quatre châtaignes, une à chacun des angles de la fosse qu'on ne remplit pas tout à fait, pour qu'elle reçoive la terre entraînée par les eaux et les feuilles chassées par les vents. Cette méthode paraît la meilleure.

Les pépinières doivent être établies sur un terrain remué, frais, à l'abri des vents, mais sans engrais, et, autant que possible, au bord des ruisseaux ou des rivières. Au bout de la première année, les plants sont transportés dans des fosses préparées avec soin, et après quatre ou cinq ans, ils peuvent être replantés.

Pour s'assurer de la possession des bonnes espèces, on greffe les châtaigniers. Cette opération se fait après deux ans de plantation. On profite d'un beau jour, et on a soin, un mois après, de visiter chaque greffe et d'enlever à la main les pousses du sauvageon qui l'étouffent.

6. — Chêne. — Véritable roi des forêts par sa taille élevée, son port majestueux et la vigueur de son tronc, le chêne offre plusieurs avantages : il est utile par son bois, employé aux constructions, à la navigation et au chauffage ; par ses fruits, excellents pour la nourriture et l'engrais des animaux ; par son écorce, employée dans les tanneries à la préparation des peaux.

Le chêne croît dans presque tous les terrains ; mais il reste chétif et rabrougri, il vieillit de bonne heure dans ceux qui n'ont pas de fond. Il préfère les terrains frais et profonds, mêlés de sable et d'argile ; c'est là qu'il parvient à toute sa hautenr et vieillit pendant des siècles. Il n'aime pas à être planté seul, et il pousse plus vivement, mêlé avec d'autres arbres, surtout avec les bois blancs.

C'est par le semis qu'on multiplie le chêne ; on choisit les glands les plus gros, les plus pesants et les plus colorés, et on les sème dans le mois de la récolte. Si la nature du sol oblige de les semer au printemps, on les conserve en les plaçant sous un hangar, couche par couche, avec de la terre désséchée, ou bien on les enterre dans un lieu sec et sablonneux.

La terre doit être labourée à la charrue. On y sème les glands, à la main, dans les raies, en les espaçant de huit pouces environ. On peut en même temps semer de l'orge ou de l'avoine pour protéger le jeune plant et lui donner, dans la première année, la fraîcheur dont il a besoin.

Souvent on sème en pépinière pour transplanter ensuite ; mais les arbres transplantés viennent difficilement, à moins que la transplantation n'ait été faite dans la première jeunesse de l'arbre, c'est-à-dire lorsque le plant n'a que deux ou trois ans de pépinière.

Dans la culture du chêne, on doit remarquer que lorsqu'on coupe une de ses branches, il faut le faire à deux fois, laissant la première fois un chicot d'autant plus long que la branche était plus forte, pour l'abattre quelques années après. C'est le moyen d'éviter les chancres qui altèrent le bois.

7. — CERISIER. — Parmi les diverses espèces de cerisiers, le merisier paraît être la plus importante. La belle couleur rouge de son bois, qui devient plus vive lorsqu'on le met quelques jours dans l'eau de chaux, le rend précieux pour les travaux d'ébénisterie et de menuiserie, pour la fabrication des chaises et autres petits meubles.

Ses fruits, appelés merises, sont une nourriture agréable et saine ; on en fait des confitures, un vin fort agréable et une eau-de-vie très forte. Il croît naturellement dans les forêts et s'accommode de presque tous les terrains.

Toutes ces considérations rendent importante la culture du merisier ; et il faut d'autant plus chercher à le multiplier que c'est sur le merisier sauvage qu'on greffe tous les autres.

On sème les merises aussitôt qu'elles sont récoltées, à moins que quelque circonstance ne force à les mettre en conserve pour être semées après l'hiver. On les laisse en planches pendant deux ans, puis on les plante en place.

Tous les sols conviennent aux cerisiers, excepté ceux qui sont trop aqueux. La majeure partie se multiplient par leurs noyaux ou par les rejetons qu'ils poussent. On les greffe sur eux-mêmes, mais de préférence sur des merisiers ; alors ils forment des arbres plus beaux et plus durables.

8. — ÉRABLE. — L'érable champêtre se plaît dans les terrains secs et pierreux ; son bois dur, et susceptible d'un beau poli, est recherché par les tourneurs, lès menuisiers et les ébénistes. On en forme des palissades et des haies épaisses et touffues.

On sème sa graine au printemps ou en automne, et on abandonne le plant à lui-même ; on le replante à la fin de la seconde année.

L'érable à feuilles de frêne est de tous les érables celui qui croît le plus rapidement et qu'il paraît le plus utile de cultiver. Il donne un bois blanc, dur, excellent pour tous les usages auxquels on emploie les autres espèces d'érable. Il se multiplie de semences ou de boutures mises en terre à l'automne ; il demande une terre légère et fraîche et croît à l'ombre des autres arbres.

9. — FRÊNE. — Le frêne commun se plaît surtout dans les terres légères et humides, ses racines s'étendent au loin à la superficie du sol, et n'ont pas besoin, par conséquent, de trouver de profondeur. De son bois on fait des ouvrages de tour, des chaises communes, des cercles et des tonneaux supérieurs à tous les autres, excepté au châtaignier, des pièces de charronnage qui demandent du ressort et de la courbature, des arcs, des planches pour armoires, coffres et autres meubles grossiers ; employé au chauffage, il a l'avantage de brûler aussi bien vert que sec, il donne beaucoup de chaleur et fournit un charbon estimé.

Le frêne se multiplie généralement par les semis de ses graines, mises en terre en automne ou à la fin de l'hiver, dans un sol bien travaillé et un peu ombragé, et recouvertes d'un pouce de terre environ.

On laisse le jeune plant en terre pendant deux ans, puis on le met en place dans des trous de huit à dix pouces de profondeur. Le plant de frêne pousse à l'om-

4

bré mieux que celui des autres grands arbres ; on peut donc l'employer à repeupler un bois. Pour cela on conserve les graines pendant l'hiver, et au printemps il suffit, pour les semer, de gratter la terre à un ou deux pouces de profondeur dans les places qu'on veut regarnir.

10. — Hêtre. — Le hêtre s'élève à une grande hauteur et forme en Europe de vastes forêts. Son bois, dont on peut tirer des poutres de cent pieds de long, est excellent pour les travaux de charpente destinés à rester sous l'eau ; on en fabrique aussi des rouleaux, des jantes et des rames.

Toute espèce de terrain convient à la culture du hêtre, pourvu qu'il ne soit pas trop aquatique ou trop argileux ; il préfère cependant les sols calcaires et les coteaux exposés au midi : c'est dans les bons fonds qu'il croît plus rapidement, mais son bois est meilleur dans ceux qui sont secs et graveleux : en bon fonds, il y a avantage à le laisser croître en futaie, mais sur un mauvais sol il vaut mieux l'exploiter en taillis.

Sa graine demande à être semée aussitôt qu'elle est tombée, autrement elle se dessèche et perd sa faculté germinative ; il faut la conserver en jaugeage jusqu'au printemps, quand on ne peut pas la mettre en terre. Pour cela, on la met dans un tonneau défoncé, mêlée avec de la terre légèrement humide, et on laisse ce tonneau en plein air, ou bien on le conserve dans un hangar, hors de la portée des animaux rongeurs.

Le fruit du hêtre, appelé faîne, est fort agréable au goût et très recherché des vaches et surtout des cochons ; les dindons s'en engraissent très promptement, et on en retire une huile fort bonne à manger et à brûler; il est employé en outre dans les arts à différents usages, ce qui rend la culture du hêtre très importante.

11. — MÉLÈZE. — C'est un grand arbre résineux qui croît naturellement dans le nord de l'Europe, sur les montagnes les plus élevées, mais qui peut facilement s'acclimater dans les pays tempérés et qui se refuse seulement à croître dans les pays chauds.

Outre son bois, il fournit : de la manne, qui suinte de l'écorce de ses jeunes branches pendant la nuit et dont on fait usage en médecine comme purgatif; de la gomme, qui se trouve au centre du tronc et qu'on obtient en fendant l'arbre; enfin de la résine, connue dans le commerce sous le nom de térébenthine de Venise.

On comprend combien il serait important de propager les plantations de mélèzes. Pour en faire des semis, il faut d'abord récolter la graine; les cônes, recueillis à la fin de l'automne et conservés jusqu'au printemps dans un lieu ni trop sec, ni trop humide, sont ensuite exposés au soleil, afin que leurs écailles, en s'ouvrant, laissent échapper la graine qu'elles contiennent. On peut semer à l'automne ou au printemps, mais de préférence depuis le mois de mars jusqu'à la fin d'avril.

Le terrain qu'on doit ensuite préférer doit être profond, un peu frais, et assez fertile; cependant le mélèze vient bien dans tous les autres terrains, excepté dans ceux qui sont marécageux ou trop argileux. On choisit autant que possible l'exposition au nord.

12. — ORME. — L'orme, indigène de nos forêts et

cultivé dans la plus grande partie de la France, est non-seulement précieux par son bois, mais encore par la facilité de sa culture.

Tous les terrains et toutes les expositions lui conviennent ; sa croissance est rapide, et ses graines fournissent du plant l'année même où elles ont été récoltées.

Il sert à la menuiserie, à la charpente, à l'ébénisterie ; il se conserve fort bien sous l'eau et sous terre, ce qui le rend propre à fabriquer des tuyaux et des corps de pompe ; il est surtout précieux pour le charronnage, et on en fabrique des essieux, des charrues et des herses ; mais il est à propos de l'employer sec et de hâter sa dessiccation en le faisant sécher à la flamme ou à la fumée, si l'on doit l'employer peu de temps après l'avoir fait tomber.

Pour semer, on récolte la graine dès qu'elle est tombée, c'est-à-dire vers le mois de mai, en préférant celle des jeunes arbres à celle des vieux ; puis on sème aussitôt dans une terre légère et bien préparée, en ne recouvrant la graine que de quelques millimètres d'épaisseur. On peut attendre, pour replanter, jusqu'à ce que le plant ait atteint l'âge de cinq ou six ans.

13. — PEUPLIER. — Personne n'ignore combien il est utile par la rapidité de sa croissance ; son bois est sec, léger et tendre, et s'il n'est pas propre aux travaux qui demandent de la force ou de la solidité, on en fait grand usage dans la menuiserie légère, pour les dedans d'armoires, les coffres d'emballage et les planchers dans les maisons de campagne.

On le multiplie par boutures de deux manières différentes : par plançons de six pieds ou par pousses de l'année ; ces dernières sont de beaucoup préférables.

On les fait pendant l'hiver, dans un sol léger et frais ; on remue la terre, et, au moyen d'une pioche, on plante les jeunes branches à un pied environ de profondeur, et sans en couper les têtes.

Comme il est avantageux, dans cette espèce d'arbres, d'avoir des branches dès le collet de la racine, la serpette ne doit pas toucher à celles que la bouture présente, à moins qu'elles ne soient aussi vigoureuses que la tige elle-même. A la troisième année le plant peut être mis en place.

En plantant des peupliers, on peut espérer les voir dans leur force et jouir de leur produit. Dans les sols qui favorisent leur végétation active, le père de famille peut, à la naissance de ses enfants, planter des arbres qui seront un jour leur dot.

14. — Pin. — Le pin, avec ses diverses variétés, est un des arbres dont la culture peut être des plus utiles. Il donne à l'homme son bois, soit pour les mâts des vaisseaux, soit pour la charpente et la menuiserie, soit pour le chauffage ; on en fabrique un goudron excellent ; le suc résineux qui en découle fournit de la résine sèche et une huile essentielle employée dans la peinture.

Nul arbre ne s'élève à une plus grande hauteur, et on peut l'appeler le géant du règne végétal. A cet avantage, il joint celui de croître dans les terrains les plus arides, dans les montagnes, sur les côtes escarpées qui, sans lui, seraient entièrement stériles. Sa culture enfin est des plus faciles, et dans les sols où les herbes ne poussent pas en abondance, il suffit presque de gratter et d'y jeter la semence pour former des forêts qui, avec le temps, enrichissent le sol.

On peut les transplanter en tout temps, excepté pendant les gelées et les grandes chaleurs. Les plantations du printemps sont les meilleures quand elles reçoivent de la pluie ou de l'humidité ; il est mieux de choisir le moment où ces arbres entrent en végétation et où leurs jeunes bourgeons commencent à poindre, moment qui ne dure que trois jours au printemps, et autant ou un peu moins à la fin de l'été. Le sapin se cultive de la même manière.

15. — Platane. — La platane, d'un bois excellent, parvenant à une grosseur monstrueuse, a encore l'avantage d'une croissance rapide. Il vient assez bien dans tous les terrains, mais il se plaît surtout dans un sol profond et frais.

La semence se répand, aussitôt qu'elle est cueillie, sur une terre bien préparée, au levant ou au nord. Elle ne doit pas être enterrée ; on la fixe seulement sur le sol par de copieux arrosements donnés de haut ; puis on la couvre d'un demi-pouce de mousse ou de paille pour entretenir une constante humidité.

La multiplication par marcottes est plus assurée ; il suffit de coucher dans la terre, pendant l'hiver, les branches de l'année précédente, et, à moins de sécheresse extraordinaire, elles prennent racine dans le cours de l'année ; on les relève à l'entrée de l'hiver suivant, et on les transplante dans un lieu convenable. Souvent, dès la première année, les vieilles tiges recoupées donnent des buissons ayant jusqu'à dix pieds de hauteur ; et comme il a l'avantage de prospérer à l'ombre, il peut être employé au regarnissage des forêts.

16. — Saule. — Le saule blanc aime les bords des rivières et des ruisseaux, les sols frais et marécageux ;

on l'exploite communément en têtards, c'es
qu'on le coupe à six pieds environ de hauteur
tous les trois ou quatre ans, on coupe les branch
le tronc a produites.

A l'âge de quatre ans, le produit des saules bie
tivés en têtards est à celui de bois taillis dans le
port de quatre à un, c'est-à-dire qu'il donne quatr
plus ; de là, l'importance de planter des saules.

Les saules blancs se plantent en plançons ; à cet eff
on prend des branches de trois ou quatre ans, longue
de six à huit pieds ; on les aiguise par le bout, et on les
enfonce ainsi dans la terre, avant ou après l'hiver.

En aiguisant la pointe des plançons, on a soin de conserver l'écorce d'un côté, dans toute sa longueur ; et si
on ne peut les planter au moment même ou l'on vient
de les couper, on les met dans l'eau, où ils peuvent se
conserver jusqu'au printemps.

C'est en automne et pendant les jours doux de l'hiver
que l'on fait la tonte des saules ; il y aurait trop à craindre si on la faisait dans le temps où la séve a de l'ac-
tivité.

Il y a plusieurs variétés de saules qu'on cultive pour
leurs rameaux, dont on fait des paniers ; mais le plus
important est le saule-osier.

L'osier est rouge, jaune ou blanc. L'osier rouge a
des rameaux plus liants, mais moins longs et moins
gras ; il lui faut un terrain sec et argileux.

L'osier jaune est un peu moins souple, mais ses rameaux sont plus allongés ; il veut un terrain frais, mais
non aquatique. Il se plaît dans les terres fortes qui retiennent l'eau pendant l'hiver et sont desséchées pendant l'été.

L'osier blanc donne des liens beaucoup plus longs

que les deux autres ; il se plaît sur le bord des eaux courantes, où il sert à défendre les terres contre les envahissements des eaux.

Ces diverses espèces d'osier se multiplient uniquement par boutures. Après avoir préparé son terrain en le remuant profondément, on se contente de couper à un pied ou deux les plus gros bouts des jets les plus gros, et on les met en terre, ne laissant dehors que trois ou quatre pouces au plus.

Toutes les saisons sont bonnes pour cette opération, excepté les chaleurs de l'été.

17. — Sureau. — Le sureau, avec lequel les enfants font des pistolets à leur manière, croît dans les bois et dans les haies, et peut servir à divers usages ; ses feuilles et son écorce intérieure ont une vertu purgative, et, appliquées dans les douleurs de goutte sur la partie affectée, elles les font souvent disparaître. Une décoction de ses feuilles est un des meilleurs moyens que l'on puisse employer pour chasser les pucerons, les punaises, les fourmis et autres insectes qui nuisent aux plantes et infectent les appartements. Les fleurs sont employées en médecine comme sudorifiques ; en les infusant dans du vinaigre, on donne à celui-ci une saveur fort agréable.

Le bois des vieux pieds, à cause de sa durée et de sa couleur jaune, supplée quelquefois le buis pour les ouvrages de tour et de tabletterie.

Cet arbre précieux se multiplie de graines et de boutures ; les graines se sèment, aussitôt qu'elles sont mûres, dans une terre bien préparée, et le plant qui en provient peut être mis en place dès l'année suivante.

Pour les boutures, on prend des branches d'une année avec un talon de bois de deux ans, et on l'enfonce à un ou deux pieds de profondeur. Cette opération se fait à l'automne ; et souvent, dès la première année, cette bouture donne des jets d'un mètre à deux, quand elle a été mise dans un terrain léger et frais.

CHAPITRE X

Culture des arbres fruitiers.

1. — Rien ne semble offrir davantage le spectacle de la richesse du sol qu'un verger, lorsque les arbres dont il est rempli sont couverts de fruits abondants, et qu'on voit les branches se courber sous le poids qu'elles peuvent à peine supporter. Sous l'ombre même des arbres on peut faire une récolte de verdure ; c'est une pâture toute prête pour les poulains, pour les vaches laitières et pour les génisses.

La place des arbres fruitiers doit être déterminée suivant leur nature ; il ne faut pas les mélanger confusément et sans méthode. Les noyers, placés du côté du vent, servent d'abri aux autres arbres ; viennent ensuite les poiriers, puis les pommiers ; après les pommiers, les cerisiers, puis les abricotiers, et enfin les pruniers, tous placés par espèces en lignes droites et parallèles.

Il y a de nombreuses variétés d'arbres à fruits ; la culture et les semis les ont multipliés à l'infini. Des expériences récentes ont détruit entièrement cet ancien préjugé qu'on n'obtient, par les semis de pépins et de noyaux, que des espèces sauvageonnes. Au contraire, les arbres fruitiers sont soumis à la règle générale, c'est-à-dire que, par les semis, on obtient des espèces égales ou inférieures, mais souvent supérieures à celle qui a produit la semence, suivant le caprice de la nature ou les soins donnés à la semence et au jeune arbre.

Pour la culture intelligente des arbres fruitiers, il est indispensable d'avoir quelques notions sur la greffe et sur la taille des arbres.

2. — La greffe est un des phénomènes les plus intéressants de l'agriculture, et l'industrie de l'homme en a tiré un parti merveilleux pour la rapide propagation des plantes utiles. Par elle on multiplie et l'on perfectionne les variétés d'arbres fruitiers que le hasard d'un semis a pu produire, et on accélère leur fructification.

Avant tout, il est bon de savoir qu'une espèce de liquide, appelé séve, circule dans les arbres à peu près comme le sang circule dans le corps de l'homme.

La quantité de séve augmente régulièremnt à d es époques déterminées de l'année, à l'entrée du printemps et au mois d'août ; au printemps pour le développement des boutons de l'année précédente ; au mois d'août, lorsque commencent à poindre les boutons de l'année qui va suivre. La séve de printemps, développe les feuilles, les fleurs, et fait croître en hauteur les tiges, les racines et les fruits ; la séve d'août, au contraire, descendant plus encore qu'elle ne monte, fait grossir les arbres et allonger les racines.

Etudions maintenant la greffe en fente et la greffe en couronne, les seules, en général, usitées dans les campagnes.

La greffe en fente se fait au moyen de ramilles ou jeunes pousses de l'année précédente, munies de plusieurs yeux et qu'on implante dans le sujet en coupant la tête à celui-ci et en y pratiquant des fentes pour les y introduire. Elle a lieu au printemps, à l'époque de la première séve montante. Les jeunes pousses qu'on y emploie doivent être de quelques jours moins avancées en végétation que les sujets ou sauvageons sur lesquels on les place, et pour cela on coupe ces greffes quelques mois avant de les employer, et on les place en terre, dans un terrain frais, à l'exposition du nord, afin d'en retarder la végétation.

Voici comment on doit préparer le jeune scion avant de l'implanter. A son extrémité supérieure on le coupe horizontalement, à deux millimètres environ au-dessus d'un œil; par le gros bout, on l'affile en forme de lame de couteau; cette lame, large de cinq à douze millimètres, a son taillant et son dos; celui-ci doit rester garni de son écorce.

Quant au sujet, il faut toujours lui amputer la tête plus ou moins haut au-dessus de la terre, depuis le collet de la racine jusqu'à deux ou trois mètres d'élévation, suivant la hauteur à laquelle on veut planter la greffe. Cette coupe doit être faite avec un instrument bien tranchant, sans échauffer le bois; et si l'on est obligé d'y employer la scie, il faut avoir le soin de parer les plaies avec la serpette, afin d'enlever la couche de bois avariée par l'outil, et de rendre cette plaie très unie.

Le placement des scions dans les fentes des sujets demande beaucoup de soins et d'adresse. Avec le bec de la serpette, introduit dans la fente, on la tient d'abord ouverte au degré convenable; puis on y pose les greffes sans effort, prenant garde d'endommager les bords des écorces, et on les ajuste de manière que la ligne qui sépare l'écorce du bois, corresponde le plus exactement possible avec celle qui partage ces deux parties dans le sujet. Il est peu d'espèces d'arbres dans lesquelles la greffe puisse réussir sans ces précautions.

Les parties étant ainsi réunies, on les assujettit et on les maintient à leur place jusqu'à ce qu'elles fassent corps ensemble, soit à l'aide de joncs ou de brindilles d'osier, soit au moyen de filasse ou de laine filée; puis, pour abriter les plaies de la pluie et de la lumière, et pour leur procurer une humidité favorable à leur reprise, on les couvre d'un emplâtre de terre argileuse mêlée de fiente fraîche de bêtes à cornes, ou, à son défaut, de menu foin ou de laine hachée. Toutes ces substances, mélangées dans de l'eau, sont pétries jusqu'à une certaine consistance et on en couvre toutes les parties opérées, à une épaisseur convenable.

Pendant la première année, on ébourgeonne souvent les tiges des sauvageons; on en réserve pourtant quelques-uns de distance à autre, pour faire monter la séve; on détruit seulement ceux qui se trouvent trop rapprochés, ou ceux qui, devenant trop vigoureux, attireraient à eux toute la séve. Souvent il est nécessaire de donner à la greffe un tuteur pour la soutenir.

La greffe *en couronne* se pratique surtout pour le châtaignier. Comme la greffe en fente, elle nécessite l'amputation de la tête des sujets ou celle des branches sur lesquelles on place les scions; on ne fend pas, mais on place la greffe entre l'écorce et le bois. Comme on en plante en général quatre autour du sujet, cette greffe a reçu le nom de greffe en couronne, ou greffe en croix. Elle se fait aux mêmes époques que la greffe en fente et exige les mêmes soins de culture.

3. — La taille des arbres fruitiers est certainement

l'une des connaissances les plus importantes en horti-culture, car c'est d'une bonne taille que dépend la fé-condité des arbres fruitiers.

Tout consiste à bien diriger le mouvement de la séve et à lui faire pousser des boutons à fruits ou des branches à bois, selon le but qu'on se propose.

Ce ne sont pas seulement les fruits de l'année qu'il faut considérer, mais l'espoir des années suivantes ; et, dans un grand nombre de circonstances, on doit désirer des branches plutôt que des fruits.

Dans le pommier et le poirier, les fruits naissent ou sur des branches courtes, grosses, ayant au plus deux pouces de long, et que l'on appelle *bourses* dans les poiriers, et *lambourdes* dans le pommier, ou sur des branches longues que l'on nomme *brandilles*. Quelle que soit la nature de l'arbre, les boutons à fruits sont toujours visibles au moment de la taille. Eh bien! des bourses, des lambourdes et des brindilles, on peut faire sortir des branches à bois ; il suffit pour cela de couper a tête aux bourses et lambourdes, et de couper les brindilles très-court, à un œil ou deux ua plus. Ainsi, la séve se portant plus abondamment dans les yeux ré-servés, le germe des fleurs y avorte et se transforme de suite en boutons à bois.

Au contraire, veut-on forcer une branche à bois à produire des rameaux à fruits ? au lieu de la cou-per court, à un ou deux yeux, comme font les tailleurs inhabiles qui traitent tous les arbres de la même manière, on la coupe à environ moitié de sa longueur, et, par l'effet de cette taille, les yeux de l'extrémité deviennent des bourgeons à bois ; ceux au-dessous des brindilles et les inférieurs, des lambourdes qui produisent bien-tôt des fruits.

On peut dire que cette parfaite connaissance, bien dirigée par le bon sens et un sage calcul, est la base de tout l'art de la taille.

Remarquons qu'il est très important de conserver autant que possible l'équilibre entre les diverses parties d'un arbre; ainsi, on taillera plus long le côté vigoureux, pour l'arrêter dans sa marche, et plus court le côté le plus faible, pour lui faire produire des jets plus puissants.

Souvent les arbres taillés poussent des bourgeons droits et vigoureux appelés gourmands, qui absorbent toute la séve et frappent de stérilité la branche qu'ils épuisent; il est en général utile de les retrancher, mais il faut y procéder avec sagesse. Si on les coupe aussitôt rez la branche, une nouvelle pousse souvent plus vigoureuse les remplace; il faut les tailler d'abord, ou les casser longs, pour les supprimer l'année suivante.

La taille des arbres fruitiers a lieu en hiver; pour les uns au commencement, pour les autres à la fin. Dès que les feuilles sont tombées, on peut commencer celle des arbres à pépins et surtout celle des poiriers.

Ces premières observations faites, nous passons à la culture de chacun des arbres fruitiers en particulier.

4. — Abricotier. — Quelques espèces d'abricotiers se multiplient par leurs noyaux; de ce nombre est l'abricotier-pêche; d'autres ont besoin d'être greffés.

Quand on veut semer les noyaux, il faut le faire presque aussitôt après leur chute de l'arbre, ou les conserver pendant l'hiver dans un lieu humide, et au mois d'avril ou de mars les semer à bonne exposition, et de préférence à celle du levant. On greffe les abricotiers sur pruniers, mais de préférence sur le damas *rouge*; leur fruit alors est plus succulent.

5. — Cognassier. — C'est un arbre du genre poirier, cultivé pour son fruit et plus souvent pour servir à la greffe d'autres espèces de poiriers. On récolte les graines du cognassier quand elles sont parfaitement mûres, puis on les sème aussitôt en bonne terre et à bonne exposition. Le plant, levé au printemps, est sarclé et biné ; ce n'est qu'au bout de deux ans qu'il peut être transporté en pépinière, et il reste trois ou quatre ans avant de recevoir la greffe.

On peut aussi multiplier cet arbre par rejetons des racines arrachées pendant l'hiver, et par boutures qui réussissent fort bien dans un sol frais et léger. Le poirier greffé sur cognassier donne des fruits dès la troisième ou quatrième année, tandis que, greffé sur sauvageon, il n'en donne qu'à la dixième ou onzième année.

6. — Figuier. — On fait venir les figuiers par rejetons, par marcottes et par boutures. Les rejetons enlevés du pied des arbres et mis en pépinière dès la première année, commencent à donner du fruit au bout de de cinq à six ans. Pour faire des marcottes, il suffit de coucher en terre, au printemps, une pousse de deux ou trois ans, et l'année suivante, elle tient au sol par de nombreuses racines.

Toute la culure du figuier consiste à lui donner quelques labours et à enlever les branches mal placées. S'il est atteint par la gelée, il suffit de le couper par le pied pour que ses racines produisent de nouvelles tiges qui donnent des fruits dès la seconde année. Il réussit à merveille dans le voisinage de l'eau; mais ses fruits sont plus sucrés lorsqu'il croît dans un sol aride.

7. — Noisetier. — C'est un arbre qui peut être utile pour former des haies, pour garnir les clairières, et comme il ne craint pas l'ombre, on peut l'employer à cacher les murs au nord; son fruit, d'ailleurs, est agréable à manger, et on en fabrique de l'huile.

On fait venir le noisetier par ses graines, par les rejetons de ses vieux pieds et par ses marcottes.

Pour faire les semis des noisettes, on les conserve pendant l'hiver dans de la terre fraîche ou du sable, et on les sème au commencement de mars, après qu'elles ont germé.

Mais les rejetons et les marcottes offrent une réussite plus assurée, et c'est en automne qu'on les met en terre. On raccourcit les branches des rejetons à cinq ou six pouces, et on a soin de faire les marcottes avec du bois de deux ans.

8. — Noyer. — Le noyer donne une récolte estimée et mérite en outre, par la qualité précieuse de son bois, les soins de la culture. Si on veut avoir des noyers, il faut semer des noix, car le noyer ne se multiplie d'aucune autre manière.

Des noix mûres, de bonne qualité et entourées de leur brou, sont mises dans du sable qu'on arrose, et on les dépose dans un lieu frais pour y germer. Quand on les sème à demeure, l'arbre enfonce plus profondément son pivot, et là pousse de sa tige gagne plus de dix ans sur la noix semée en pépinière et dont l'arbre a été ensuite replanté.

On peut aussi semer la noix aussitôt après la récolte,

mais il est plus sûr de semer au printemps, lorsque les gelées ne sont plus à craindre.

Dans tous les cas, le sol doit être bien défoncé, et on enterre les noix à deux pouces de profondeur, les laissant entourées de leur brou, afin que l'amertume de cette enveloppe en éloigne les rats et les mulots.

Si on est obligé de transplanter le noyer, on doit choisir le moment où la séve est redescendue dans les racines, c'est-à-dire après la chute des feuilles, environ du 15 novembre au 15 décembre.

9. — Pêcher. — Le pêcher aime une terre profonde, chaude et un peu sablonneuse. La culture du pêcher varie suivant les pays. Dans le midi de la France, on le multiplie presque exclusivement de semis ; dans d'autres pays on le greffe sur amandiers ou sur pruniers. Pour semer les noyaux on procède comme pour ceux de l'abricotier.

C'est à la fin d'octobre et jusqu'au commencement de mars que l'on transplante les pêchers ; il faut avoir soin de ne pas mutiler leurs racines et de les conserver aussi longues que possible ; car leurs plaies se ferment difficilement. Ils préfèrent l'exposition au midi.

Plus que les autres arbres, le pêcher réclame une taille intelligente qui ne conserve que les branches nécessaires pour que l'arbre ne s'épuise pas à pousser du bois, et porte vers les fruits sa puissance végétative.

Cette opération ne doit se faire que lorsque les bourgeons ont acquis assez de développement pour distinguer les branches à bois et les branches à fruit.

Les premières deviennent, l'année même, grosses comme le doigt, et atteignent une longueur de trois à six pieds, tandis que les secondes n'atteignent pas plus de deux pieds de long, et ne deviennent pas plus grosses qu'un tuyau de plume.

Les branches à fruit ont des boutons triples, présentant un œil à bois entre deux boutons à fruit; ou des boutons doubles, l'un à bois, l'autre à fruit; ou des boutons simples, le plus souvent à fleur. Les boutons à bois sont pointus, les boutons à fruit sont arrondis et plus gros.

Cela connu, on doit se rappeler que le fruit ne devient jamais beau que lorsqu'il est accompagné d'un bourgeon à bois qui lui fournit des sucs abondants, et que les branches à fruit du pêcher, ne donnant du fruit qu'une seule année, doivent être renouvelées tous les ans.

On dispose les branches à bois de manière à ce qu'elles restent garnies de branches à fruit dans toute leur longueur, de manière aussi à ce qu'on puisse placer les nouveaux bourgeons qui doivent porter les fruits l'année suivante. Et pour que le pêcher ne s'emporte pas trop en hauteur, on courbe fortement les branches et on dispose l'arbre en espalier.

Quant aux branches à fruit, on retranche sans pitié celles qui n'ont que des boutons simples, et on taille à deux, trois ou quatre yeux celles qui ont des boutons triples ou doubles.

10. — POIRIER. — Le poirier peut être reproduit par le semis, mais il faut attendre de longues années pour en obtenir des fruits; c'est pourquoi on préfère le greffer sur cognassier, dont un agriculteur intelligent doit toujours avoir bonne provision.

Le poirier aime une terre fertile et humide et il s'accommode de toutes les expositions, comme il se prête à toutes les formes qu'on peut lui donner par la taille.

On taille court les poiriers très fertiles ; on taille plus long ceux qui se mettent difficilement à fruit. Pour que le bouton à fruit se forme, il faut que le bois soit au moins de deux ans ; il faut donc lui donner le temps de se former et savoir étendre les branches suffisamment. Le poirier se trouve très bien de recevoir, tous les quatre ou cinq ans, une couche de fumier bien consommé qu'on enterre autour de ses racines.

11. — POMMIER. — Le pommier sauvage croît en abondance dans les bois naturels de la France dont le sol est profond et humide.

En greffant sur sauvageon, on obtient des arbres qui donnent plus tard leurs fruits, mais qui durent plus longtemps, et qui, arrivés à l'époque de leur vigueur, produisent une récolte plus abondante.

La greffe sur un sujet venu des espèces cultivées donne des arbres de peu de durée, mais qui se couvrent plus tôt d'une récolte de fruits dont la saveur est plus délicate.

On ne doit pas tourmenter par la taille les pommiers en plein vent ; supprimer les branches mortes et les branches gourmandes, voilà tout ce que doit faire le cultivateur, à moins qu'il ne soit nécessaire de retrancher quelques branches au centre de l'arbre, pour donner de l'air aux branches latérales.

12. — PRUNIER. — Pour obtenir des sujets destinés à la greffe, on conserve les noyaux, pendant l'hiver, dans la terre, soit en plein air, soit sous un hangar, et on les sème au printemps. A cet effet, on choisit de préférence la *cerisette blanche et rouge*, le *damas gros et petit*, le *Saint-Julien gros et petit*, qui sont les variétés de prunier reconnues comme plus propres à donner des jets vigoureux.

Dès la première année de plantation, une partie de ces plants sont bons à greffer à cinq ou six pouces de terre. On réserve les plus droits et les plus vigoureux pour les greffer les années suivantes, à six pieds de terre environ, et former ainsi des arbres de plein vent.

Une fois mis en place, il ne demande d'autres soins qu'un seul labour d'hiver, chaque année, au pied de l'arbre, et d'être débarrassé des branches mortes, chiffonnes ou gourmandes.

Dans les campagnes, pour obtenir des pruneaux, on expose les prunes au soleil sur des claies, en évitant de les laisser à l'air pendant la nuit ou pendant les jours sombres et humides, et enfin on les met trois ou quatre fois dans un four dont chaque fois la chaleur est plus élevée.

13. — Vigne. — La vigne est une des plantes les plus utiles à l'homme, et en même temps l'une des plus riches productions du sol français. Bien qu'elle s'accommode de toute espèce de sol, ses fruits sont plus sucrés dans les terrains en pente et sur les collines.

Comme la vigne aime une température chaude, on ne la plantera jamais dans le voisinage des bois et des eaux, qui refroidissent l'air; et si le sol, le climat ou l'exposition ne sont pas assez chauds, on préférera la vigne basse, qui tient les raisins près de terre et les fait profiter de la chaleur produite par le sol.

Il suffit en Italie de la laisser monter sur les arbres, et elle étale ainsi tout le luxe de sa végétation et donne des récoltes prodigieuses. Dans les vignobles de la France, et surtout au nord, elle ne produit qu'à force d'art. Cependant dans nos provinces du Midi, dans la Provence et le Languedoc, dans le Bigorre, le Béarn et la Navarre, la vigne étale aussi sa vigueur, s'entre-laçant à de grands arbres, et s'élevant avec eux. Alors elle exige peu de culture, et il suffit de diriger un peu ses rameaux et d'en retrancher quelques-uns pour que l'arbre protecteur ne soit pas étouffé dans les étreintes de la plante qu'il soutient.

Pour multiplier la vigne, on emploie trois espèces de plants : les *boutures*, provenant de la taille des années précédentes, et qu'on enterre dans un lieu frais par l'un des bouts, jusqu'au printemps, où on les plante ; les *crosettes*, boutures munies au talon d'une petite por-tion de bois de deux ans ; les *marcottes* ou provins ob-tenus en enterrant une branche qui reste attachée à la branche mère.

La terre qui doit recevoir la vigne doit être remuée profondément ; on plante dans des fosses alignées et à une distance convenable l'une de l'autre, en ayant soin de coucher horizontalement la moitié de la bouture et de faire ressortir l'autre de façon à ne laisser hors de terre qu'un œil ou deux. Il ne reste plus qu'à recouvrir les branches de 15 à 20 centimètres d'une terre riche en humus ou terreau.

La taille de la vigne est plus facile que celle des au-tres arbres, à cause de cette circonstance particulière à la vigne que le fruit naît sur les bourgeons de l'an-née ; il suffit de savoir que les boutons inférieurs sont ceux qui donnent des boutons à fruits, et en consé-quence, de couper les sarments de l'année précédente au-dessus du deuxième ou premier œil dans les ceps les plus faibles, et au-dessus du troisième dans les ceps vigoureux.

Dans la culture des vignes basses et rampantes, comme il est nécessaire de les contenir à la hauteur voulue, on taille toujours sur les sarments inférieurs et on supprime les autres, en ayant soin seulement de conserver deux mères-branches.

Le cultivateur doit calculer avec intelligence la force de la plante et lui laisser le nombre de bourgeons et de grappes qu'elle peut nourrir. Il en laissera donc plus aux vignes vigoureuses et plantées dans un sol riche ; il en laissera moins aux vignes faibles, que nourrit un sol pauvre.

La vigne est sujette à une foule de maladies causées par l'excès du froid ou de la chaleur, par les gelées tardives ou la trop grande fertilité du sol. Mais la plus redoutable est celle qui est produite par la présence d'un champignon parasite, désigné par les savants sous le nom d'*oïdium*.

Après bien des essais, il a été constaté que le seul remède pour arrêter la propagation de ce champignon, c'est l'application du soufre en poudre sur les parties vertes de la vigne malade, et surtout sur les grappes.

Le soufrage doit être appliqué à trois reprises différentes, du 1er mai au 1er août, en commençant un peu plus tôt ou un peu plus tard, suivant le climat local.

Le premier soufrage a lieu dès qu'on voit les traces de la maladie, en ne soufrant successivement que les ceps qui sont envahis. Le second et le troisième soufrage sont donnés quand la maladie reparaît, une seconde ou une troisième fois, en juin et en juillet. Ce travail ne doit pas rebuter puisque la réussite en est aujourd'hui certaine.

LIVRE III

LE NOURRISSAGE

CHAPITRE PREMIER

Les bestiaux.

Les bestiaux sont la véritable richesse de l'agriculteur, car ils donnent, avec leurs produits abondants en chair, en lait et en laine, leur fumier fertilisant sans lequel la terre serait stérile et n'offrirait que de maigres récoltes. Cent bons moutons, par exemple, peuvent donner par la tonte environ mille francs, en les supposant de bonne taille et d'une toison fine ; mais en même temps ils donnent, par leur fumier d'hiver à la bergerie, et le pacage d'été dans les champs, l'engrais d'environ cinq hectares de terre qui, au prix de 140 francs l'hectare, ne peut être évalué à moins de 700 francs.

On ne saurait donc avoir trop de bestiaux quand on a de quoi les bien nourrir ; et tous les soins du cultivateur doivent tendre à se procurer le moyen d'en entretenir convenablement un grand nombre. Il faut être bien convaincu que c'est là le produit le plus net de la ferme, et ne pas trop calculer au prix du marché la nourriture qu'on leur donne. On se plaint quelquefois du bon marché du grain, et l'on a raison quand il est tombé à un prix tel qu'il ne paye pas le loyer de la terre et le salaire de la main-d'œuvre ; mais quand il est à vil prix, qu'on ne se décourage pas ; que l'agriculteur alors en emploie une bonne partie à engraisser ses bestiaux ; ceux-ci lui payeront ses grains bien au-dessus du prix courant, et, en outre, il élèvera au plus haut degré, par des engrais abondants, la fertilité de sa terre.

Les bestiaux sauvages se nourrissent naturellement d'herbages qui croissent d'eux-mêmes sur le sol de la terre ; il a semblé que le meilleur moyen de les nourrir à l'état de domesticité était celui qui se rapprochait le plus de la nature, c'est-à-dire de les laisser paître en liberté dans des enclos en pâturage.

Mais cette manière de les nourrir exigeant une grande étendue de terre, les pâturages ont dû se restreindre à mesure que la population humaine s'est accrue et que la culture a envahi les terres autrefois en pâture.

Les avantages que présente la nourriture des bestiaux à l'étable sont généralement reconnus ; il est certain qu'il faut, pour nourrir une vache pendant quatre mois et demi, environ soixante ares du meilleur pâturage, tandis qu'il suffit, pendant le même espace de temps, d'environ trente ares semés en prairies artificielles ou en racines.

Cependant la nourriture à l'étable d'une manière permanente ne doit être employée que pour les animaux adultes, et encore, dans la plupart des cas, est-il préférable de la tempérer par un pacage de quelques heures le matin et le soir pendant la belle saison, et par quelques sorties dans les journées chaudes de l'hiver. Cet exercice modéré, principalement pour le jeune bétail, contribue beaucoup à favoriser le développement de ses forces.

Le cultivateur qui veut multiplier son bétail doit, de préférence, rechercher dans des troupeaux ou dans la contrée qu'il habite des individus de bonne race, bien constitués et suffisamment développés.

Le choix fait, il doit donner à chaque animal une nourriture abondante et en rapport avec sa nature et le parti qu'il veut en tirer. Si on ne lui donne à manger que pour l'empêcher de mourir, il ne produira rien, ou presque rien.

CHAPITRE II

Les bêtes à cornes.

1. — Le bœuf, si utile par son travail, nous nourrit encore de sa chair et nous donne son cuir; la vache, sa femelle, nous prodigue son lait abondant.

En général, les meilleurs bœufs réunissent les qualités suivantes :

Une tête courte et ramassée, le front large, les cornes fortes et de moyenne grandeur, les oreilles grandés, les yeux gros et noirs, les naseaux bien ouverts afin de respirer librement, les dents blanches et égales;

Le cou charnu, le fanon pendant jusque sur les genoux;

Les *membres* bien faits, les jambes et les cuisses grosses, courtes et nerveuses; les pieds fermes, les ongles ou sabots courts et larges;

Un corps régulier, les épaules grosses, la poitrine et les reins larges, les flancs grands, les hanches longues, la croupe épaisse, le dos droit et plein.

C'est aux dents et aux cornes que l'on connaît l'âge des bœufs et des autres bêtes de cette espèce. A six ou dix mois, les bœufs jettent deux dents, celles du milieu, et il en vient d'autres plus larges et moins blanches; à seize ou dix-huit mois, les deux plus voisines tombent à leur tour et sont remplacées; à trois ans, toutes les dents de lait sont tombées, et alors toutes les autres sont égales, blanchâtres et longues.

Il est à remarquer que chez les petites races de certaines contrées, la dentition s'opère comme chez les bêtes à laine.

Pendant ses premières années, le bœuf sert au labourage et aux travaux des champs : ce n'est guère qu'à dix ans qu'on l'engraisse pour la boucherie.

Dès l'âge de trois ans, on le dresse, on l'accoutume peu à peu à porter le joug, et on l'attelle à la charrue avec un bœuf de même taille et déjà dressé; s'il est difficile on ne doit ni le battre, ni l'aiguillonner, mais le traiter avec patience et douceur. Il faut avoir le soin de l'accoupler tantôt avec un bœuf, tantôt avec un autre; tantôt à gauche, tantôt à droite : autrement, il prend l'habitude d'être toujours du même côté ou associé au même animal et ne rend pas les mêmes services.

2. — La vache, quoique moins forte que le bœuf, peut être attelée à la charrue ou traîner des fardeaux ; elle est une des grandes ressources d'une exploitation, et seule elle fait la richesse d'une pauvre famille.

Une bonne vache a la taille haute, le ventre gros, les cornes ouvertes et polies, les jambes courtes relativement à la taille ; sous le ventre des veines grosses et saillantes ; le pis, qui contient le lait, doit être carré, couvert d'une peau fine et douce, volumineux et dur au toucher quand il est rempli, et petit quand il est vide.

Les plus grosses sont en général les meilleures, mais il faut qu'elles aient des pâturages abondants ; si on ne peut leur donner qu'une nourriture médiocre, on doit choisir des espèces moins exigeantes et plus appropriées au sol.

En général, les meilleures ne sont pas celles dont les formes sont plus belles ou plus élégantes, mais celles qui, pour une moins grande quantité de fourrage, donnent une plus grande quantité de lait ; sous une forme ingrate une vache cache souvent des avantages précieux.

Les aliments qu'on donne aux vaches influent non-seulement sur la quantité, mais aussi sur la qualité et le goût du lait ; celui des vaches mal nourries est blanc et maigre. Le meilleur lait, en hiver, est produit par de très bon foin ou regain, du trèfle ou de la luzerne, avec des pommes de terre cuites, des carottes ou du grain égrugé. Les racines de persil, le thym et le fenouil donnent au lait un goût agréable ; une poignée suffit pour la ration de cinq vaches.

La boisson influe autant que la nourriture sur la quantité et la qualité du lait. L'eau blanche et les ali-

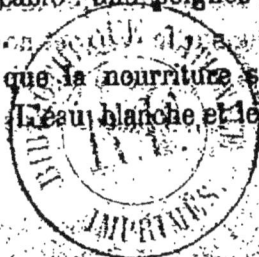

ments délayés dans de l'eau tiède conviennent tout particulièrement aux vaches laitières.

3. — Dans les pays où le produit du lait a plus d'importance que celui des veaux, on ne laisse pas ceux-ci teter leur mère, mais on les fait boire au baquet. Le plus souvent, ce n'est qu'après plusieurs jours de patience qu'on habitue le veau à boire, ce qu'on fait en lui présentant l'index qu'il tette et en lui plongeant la bouche dans du lait. On ne donne pas au nouveau-né le lait d'une vache qui a vélé depuis longtemps : ce lait serait trop substantiel. C'est celui de sa mère qu'il faut lui donner dans les premiers temps, parce que ce lait, purgatif de sa nature, est le seul qui soit approprié à la faiblesse et aux besoins de l'estomac du jeune veau.

Pendant la première *quinzaine*, le veau consomme environ six litres de lait par jour ; pendant la seconde, huit litres, et à partir d'un mois, dix à onze litres. On peut alors lui préparer une bouillie légère de farine de froment ou de maïs délayée dans de l'eau tiède ; enfin, un peu plus tard, on fait cuire ensemble des raves, des pommes de terre ou des carottes, et on les mêle ensuite avec de l'eau tiède et du lait, de manière à en faire une sorte de purée.

Si l'on préfère laisser teter le veau, on le met, dès qu'il est né, devant sa mère, et au bout de deux heures environ, il est en état de se tenir sur ses jambes et de teter. Pour éviter que la mère ou une vache voisine ne marche sur le veau et ne l'écrase, on peut, après que le veau a été léché par sa mère et qu'il a teté une première fois, le placer dans une partie de l'étable, d'où on l'amène deux ou trois fois par jour à sa mère pour qu'il tette.

Parmi les veaux destinés à la boucherie, les uns y sont conduits à l'âge d'un mois ou de six semaines, après avoir seulement teté leur mère ou n'avoir été nourris que de lait : ces veaux sont en chair, mais ils ne sont pas gras. Ceux qui sont engraissés jusqu'à l'âge de deux ou trois mois, avec de la bouillie et de la purée, comme il a été indiqué ci-dessus, prennent de la graisse et une chair beaucoup plus fine.

Les veaux destinés à être élevés dans la ferme doivent être choisis parmi les plus beaux ; les premiers veaux d'une jeune vache, comme ceux d'une vieille, sont en général trop faibles, et l'on doit préférer ceux venus d'une mère de quatre à dix ans. Il n'est pas sans intérêt non plus de prendre en considération l'époque de l'année où les veaux sont venus au monde. Ceux qui sont nés au commencement du printemps sont plus forts, quand vient l'hiver, pour braver les influences de la saison rigoureuse ; ceux qui naissent dans le courant de l'hiver, trouvent, quand ils commencent à manger, une herbe abondante et succulente.

CHAPITRE III

Les bêtes à laine.

I. — Les moutons fournissent non-seulement des produits précieux, leur laine qui nous habille, leur chair qui nous nourrit, mais encore ils donnent au sol un engrais excellent, et celui qui, dans la plupart des pays, coûte moins cher au cultivateur. Ils se nourrissent sans peine, broutent dans les champs les pâtures trop courtes pour la dent des vaches, ramassent jusqu'au dernier brin d'herbe, utilisent les landes stériles et les bruyères ingrates.

On peut, à quelques signes extérieurs, distinguer le bon ou mauvais état des moutons ; la tête basse, le regard triste, une toux fréquente, un bêlement faible, la cessation de la rumination, les gencives pâles, les diverses parties du corps dégarnies de laine, tous ces signes décèlent un corps maladif. La laine fortement adhérente à la peau, les veines du blanc de l'œil apparentes et d'un rouge vif, les chairs au coin de l'œil, du côté du nez, d'une belle couleur rouge : voilà les signes d'une bonne santé.

Les meilleurs pâturages pour les moutons sont ceux situés sur un terrain sec et léger, élevé et en pente. Dans une grande partie de la France, les moutons n'ont de pâturages que pendant l'été, et l'hiver ils sont nourris dans la bergerie.

La nourriture qu'on donne alors se compose de fourrages secs, comme le foin, le trèfle, la luzerne, de la paille et, en outre, de légumes, de racines, de grain, de son et autres.

Une botte de bon fourrage de 5 kil. soit de foin, de luzerne ou de trèfle, suffit par jour à cinq moutons de moyenne force, sans qu'il soit besoin de leur donner d'autre nourriture. On peut remplacer cette botte de fourrage par 10 kil. de pommes de terre ; par 12 ou 15 kil. de betteraves, ou bien encore, par 2 kil. de seigle, 2 kil. et demi d'orge en grain, 3 kil. d'avoine, 1 kil. et demi de blé ou de féverolles ; par 15 kil. de paille d'orge ou 20 kil. de paille de blé.

Si le foin et surtout la paille peuvent être donnés seuls aux moutons, pendant tout le cours de la mauvaise saison, il n'en est pas de même des racines et des grains ; lorsqu'on a à sa disposition plusieurs sortes d'aliments, on les fait alterner dans la même journée, et on en compose des repas séparés. Les racines sont lavées et coupées par morceaux, la paille est hachée et les grains secs concassés avant de les mettre dans la mangeoire.

Lorsque les moutons passent tout leur temps à la bergerie, on met à leur disposition plusieurs baquets d'eau où ils puissent s'abreuver. Le sel est très salutaire aux moutons ; on le mêle aux aliments dans la proportion d'un kilogr. par jour pour 100 têtes ; on peut en mettre davantage quand les pâturages sont aqueux et le climat brumeux. Il est évident que les moutons proprement dits, et même les béliers, n'ont pas besoin d'autant d'aliments qu'une brebis pleine ou nourrice ; l'agneau encore bien moins.

2. — Une bonne brebis doit avoir les yeux éveillés, la démarche alerte, le dos et le ventre bien développés, le cou gros et droit, la veine de l'œil bonne, une laine longue, soyeuse et blanche. C'est de trois à six ans que la brebis produit les plus beaux agneaux.

L'âge de la brebis, comme celui du mouton, se reconnaît à ses dents. Les huit dents qui se trouvent à la mâchoire inférieure se divisent en *pinces*, *premières mitoyennes*, *deuxièmes mitoyennes et coins*. A la fin de la deuxième année, les pinces de lait tombent et sont remplacées par les pinces adultes ; à trois ans, les premières mitoyennes tombent à leur tour ; à quatre, les deuxièmes ; et les coins à cinq ans. L'usure du bord tranchant des dents sert ensuite à reconnaître l'âge : à cinq ans il est usé aux pinces ; à six ans, aux

premières mitoyennes ; à sept, aux secondes ; à huit et
neuf, aux coins ; mais ces signes deviennent alors plus
difficiles à saisir exactement.

Les mêmes indications servent à faire reconnaître
l'âge de la chèvre, dont je dois dire un mot, comme
ayant, par ses habitudes et sa manière de vivre, plus
ou moins de rapport avec les bêtes à laine.

Les chèvres ne sont pas difficiles à nourrir ; elles
vivent, en été, d'herbes et de feuilles qu'elles trouvent
aux champs ; en hiver, de foin ou autres fourrages, ou
de feuilles cueillies pendant qu'elles étaient en séve et
qu'on a fait dessécher.

Laissée en liberté, la chèvre cause beaucoup de
dommages dans les champs et dans les bois ; sa dent
est destructive pour les arbres ; elle tue le rameau
qu'elle a touché ; avide de branchages et de jeunes
bourgeons, elle dévore ce qu'elle peut atteindre. La
vigilance la plus active peut à peine prévenir ses rava-
ges, et elle est si vive et si adroite qu'un instant suffit
pour qu'elle y échappe. Ce motif est un de ceux qui
s'opposent le plus à sa propagation, mais il n'est pas
suffisant pour qu'on la proscrive entièrement, tant son
produit en lait est remarquable.

Qu'on la tienne à l'écurie et qu'on la mêle avec les
troupeaux de brebis ; surtout qu'on laisse à la pauvre
femme la chèvre qui lui donne le lait de sa famille, qui
est la compagne et la joie de ses enfants, et qui ne
demande qu'une petite place dans le coin de sa chaumière.

3. — Pendant quinze jours ou trois semaines, on
laisse au chevreau tout le lait de sa mère. Au bout de

ce temps on commence à l'habituer à manger du fourrage frais, tandis que l'allaitement continue.

Quand on veut l'élever, on l'envoie pâturer avec sa mère, ou mieux encore on le renferme dans l'étable, tandis que la chèvre va aux champs, et on lui donne des pousses d'arbres bien tendres ; on le laisse encore teter pendant un mois ou six semaines, deux mois au plus, quand il est faible. Si on veut le tuer ou le vendre comme chevreau de lait, on le fait de quinze jours à trois semaines. Plus tard il acquiert un goût désagréable que l'on désigne sous le nom de chevrotin.

L'agneau doit être l'objet des mêmes soins. Aussitôt qu'il est né on l'approche de sa mère pour qu'il la connaisse et qu'il commence à teter. Pendant l'allaitement on doit veiller à ce que d'autres agneaux ne lui dérobent pas son lait, enfin à ce que sa mère soit en bonne santé. Si l'agneau souffre du froid, il faut l'envelopper d'un linge chaud, et le coucher près d'un feu doux. Si la mère a trop de lait, il est bon de la traire. L'agneau tette pendant quatre mois. Vers la fin de l'allaitement, on a dû l'habituer à manger un peu d'herbe fraîche ; à quatre mois, il peut, sans inconvénient, vivre au pâturage avec le reste du troupeau. Si on les destine à la boucherie, on peut les vendre de trois à quatre semaines au moins, et deux mois au plus.

CHAPITRE IV

L'espèce chevaline.

Le cheval est un être éminemment sociable, facilement docile ; il s'attache à son maître et il est sensible aux bons et aux mauvais traitements. On a cité de nombreux exemples de son attachement docile pour un maître doux et facile, de sa haine et de sa rancune contre un conducteur brutal.

Un beau cheval est celui dont toutes les parties sont également proportionnées.

La tête ne doit pas être trop longue : l'animal serait difficile à conduire; ni trop grosse ou trop pesante : il serait sujet à butter ou à s'abattre; ni trop courte, car alors il est disposé à porter au vent et à se défendre contre le cavalier.

Si les *jambes* de devant sont trop courtes, l'animal butte; il forge et est en danger de s'agenouiller.

Le pied gros rend l'animal lourd et pesant ; trop petit, il rend sa marche moins ferme.

Le *dos* et les *reins* ne doivent pas avoir trop de longueur ; c'est un signe de faiblesse; l'animal ainsi constitué fléchit sous le poids, et il est sujet à devenir ensellé.

Le *ventre* trop large ou ventre de vache, quand en même temps les flancs sont creux et les côtes plates, peut faire craindre la pousse. Le ventre de lévrier annonce que les chevaux sont mal nourris et qu'ils sont peu propres aux travaux de l'agriculture.

L'examen des yeux demande une grande attention et beaucoup d'expérience. En général l'état sain des yeux se reconnaît au mouvement de la pupille qui se dilate dans un lieu obscur, et se rétrécit à mesure que l'animal est frappé de l'éclat du grand jour. Ainsi, soit qu'on le mène dans un lieu obscur, pour de là le faire passer dans un lieu éclairé, soit qu'on applique la main sur l'œil pendant quelques minutes, pour la retirer suite, on doit voir la pupille se resserrer graduellement par l'impression de la lumière.

La paupière inférieure endue près l'angle nasal peut inspirer la crainte d'une fistule lacrymale ou d'une maladie plus grave, nommée fluxion *périodique lunatique*.

Une tache blanche opaque sur la cornée lucide est le résultat d'une inflammation, et devient quelquefois incurable.

Des points blancs sur le cristallin annoncent que cet organe est affecté d'une cataracte partielle qui peut devenir complète.

Enfin le cheval peut être *presbyte* si ses yeux sont trop enfoncés dans leurs orbites, et *myope* s'ils sont trop saillants.

L'âge du cheval se reconnaît aux dents, ainsi que celui de la plupart des animaux domestiques. A deux ans et demi ou trois ans, les *pinces* de lait se déchaussent et sont remplacées par quatre pinces d'adulte, deux à chaque mâchoire. A trois ans et demi ou quatre ans, les *mitoyennes* de lait tombent à leur tour et font place aux mitoyennes adultes. De 4 ans et demi à 5 ans, viennent les *coins*; c'est aussi vers cette époque que paraissent les *crochets*, dents pointues et de la forme des dents canines, et qui viennent au nombre de quatre, une de chaque côté des coins. Les juments n'ont pas ordinairement de crochets.

Plus tard, le cheval rase, c'est-à-dire que la cavité qu'on remarque dans ses dents s'efface par le résultat du frottement, et il ne reste qu'un point noir appelé germe de *fève*. Ainsi, à six ans, les pinces de la mâchoire inférieure sont rasées, les mitoyennes à sept ans, et les coins à huit. Les pinces de la mâchoire supérieure rasent à neuf ans, les mitoyennes à dix ans, et les coins de onze à douze ans. A cette époque, le cheval ne marque plus, mais la longueur des dents, leur défaut d'aplomb, l'état des gencives et le collet de la dent, sont des marques d'une plus grande vieillesse.

Le cheval n'a besoin que d'une alimentation fort simple : le foin, l'avoine, de la paille hachée et de l'eau pure lui suffisent pleinement.

Le blé et le seigle, trempés, moulus ou cuits, donnent de l'embonpoint et de la vigueur aux jeunes chevaux ; mais c'est un aliment trop nourrissant et qui peut occasionner des fourbures. L'orge produit le même effet ; on doit la donner à petite dose et concassée plutôt qu'entière. Le maïs concassé est aussi excellent pour tous les chevaux ; entier, il ne convient qu'à ceux qui ont les dents fermes. La pomme de terre cuite au four engraisse le cheval, mais lui ôte sa vigueur. Le son, humecté d'eau, est rafraîchissant et convient pendant les chaleurs. C'est l'avoine qui est plus généralement consacrée à la nourriture des chevaux. La culture en est facile, la paille en est goûtée de tous les bestiaux ; le grain en est nourrissant et en même temps rafraîchissant. Il faut seulement avoir soin de ne pas la donner nouvellement récoltée, car alors elle peut causer des coliques quelquefois mortelles.

5 kil. de foin, 5 kil. d'avoine, 3 kil. de paille hachée constituent une ration suffisante pour un cheval ordinaire.

2. — Le poulain qui vient de naître doit être l'objet de tous les soins du cultivateur. Si la jument négligeait de le lécher, il faudrait l'y inviter en saupoudrant son petit d'un peu de sel ou de son. Si la respiration du poulain paraissait embarrassée, il faudrait lui passer les doigts dans la bouche et, au besoin, lui souffler dans les naseaux. Si la mère maltraite son petit et met

sa vie en danger, on le placera auprès d'elle, mais séparé par une claie, afin qu'elle puisse le voir, le sentir et s'y habituer. Si l'antipathie persiste, ou si la jument ne peut le nourrir, on habituera le poulain à boire du lait de jument, de vache ou de chèvre. On y parvient en lui faisant d'abord sucer le doigt trempé et en partie plongé dans le lait.

La jument et son poulain doivent être tenus chaudement et à l'abri des courants d'air, surtout pendant les premiers jours qui suivent la naissance; on ne les laissera pas sortir avant sept ou huit jours. Si on met la mère et le poulain en pâturage, on devra le choisir sec et élevé; à l'écurie on n'attachera pas la jument de peur que le poulain ne se prenne dans sa longe et ne s'étrangle. Si la mère travaille ou qu'elle ait fait une course longue ou fatigante, on aura soin de ne pas laisser le poulain teter avant qu'on n'ait fait couler le premier lait, qui pourrait être échauffé.

A deux mois, ou même plus tôt, le poulain commence à manger; on lui présente alors quelques aliments d'une mastication facile, et un peu d'orge et d'avoine concassées et légèrement humectées d'eau; et tous les jours, on augmente progressivement la dose, jusqu'à ce qu'on laisse le poulain manger avec sa mère dans le même ratelier.

Le sevrage ne doit pas s'opérer brusquement. On agit par gradation, en faisant teter le poulain d'abord trois fois par jour, puis deux, puis une; enfin, on le sèvre tout à fait, et on lui donne pour boisson de l'eau blanche. Pendant les premiers jours, on diminuera la nourriture de la jument; et si ses mamelles s'engorgeaient, on ferait couler le lait, et on laverait le pis avec de l'eau de guimauve ou de graine de lin.

Le dressage est d'une grande importance, et l'on doit s'y prendre de bonne heure. Au début, il faut se borner à apprivoiser le poulain et à l'habituer à l'homme et aux objets extérieurs. On commence par lui faire porter un licol et par le tenir attaché quelques instants ; on lui passe quelquefois le doigt dans la bouche ; on essaye de lui lever le pied ; on le frotte avec un bouchon de paille ; on l'accoutume aux bruits de toute espèce et à la vue d'objets nouveaux, en l'emmenant avec sa mère dans une route fréquentée. Dans cette première période du dressage, le calme et la douceur sont de nécessité absolue ; on évitera d'exciter le poulain et de jouer avec lui ; s'il est indocile on emploiera la sévérité, mais sans brusquerie, sans colère et à propos. Enfin, on l'habituera peu à peu au mors, à porter la selle, à traîner un rouleau, un chariot, et une voiture ; en un mot, on l'élèvera en procédant graduellement, selon le genre de travail auquel on le destine.

CHAPITRE V

L'espèce porcine.

1. — Le nourrissage le plus facile, le moins coûteux et le plus à la portée d'une pauvre famille est sans doute celui du porc ou cochon. Depuis quelque temps, des races nouvelles et qui paraissent offrir une supériorité certaine sous divers rapports ont été introduites en France :

Le porc de grande race anglaise, dont les oreilles sont longues et pendantes, le corps très allongé, le poil gris blanc, et dont certains individus arrivent au poids de 5 à 600 kilog.; le porc anglais de petite race, dont les oreilles sont courtes, petites et dressées, et dont la chair est très délicate et très recherchée ; le porc chinois, ayant les jambes très courtes et le corps allongé, le ventre touchant presque à terre, et dont la race est très féconde.

Quelle que soit la race dont on aura fait choix, il faudra préférer les individus qui ont les os petits, ce qui se reconnaît aisément à la petitesse de la tête.

Les petites races sont plus avantageuses, puisque, pour une même quantité de nourriture, elles donnent plus de graisse et de chair. Rien n'est plus facile que de les tenir en bon état et, en très peu de temps, un mois ou six semaines d'engrais, ils peuvent être mis au point de graisse convenable. Les variétés à grande taille sont plus avantageuses pour la quantité de lard et de chair qu'elles fournissent; mais la dépense d'entretien est en proportion, et la viande n'est pas d'aussi bonne qualité que celle des petites races.

Tout est bon pour ces sortes d'animaux : fourrages, grains, légumes, ils ne repoussent rien. Suivant les diverses ressources que présente la ferme, on pourra leur donner du trèfle, de la luzerne, des choux, ou des laitues en vert; à d'autres époques, on leur donnera des carottes, des raves, des betteraves ou des pommes de terre; à l'automne, les différents fruits gâtés, abattus par les vents, enfin, les graines de diverses natures, les châtaignes et les glands : tels sont les divers moyens d'alimentation qui s'offrent au cultivateur.

Quand on veut engraisser un cochon, on le retient continuellement à l'étable, dans l'obscurité et une tranquillité parfaite. On a soin de varier la nourriture et d'en augmenter peu à peu la quantité et la qualité. On lui donne d'abord des pommes de terre cuites, mêlées d'orge concassée, puis mélangées avec du son et plus tard avec la farine d'orge; plus tard encore, on emploie la farine d'orge ou de maïs délayée en bouillie avec des eaux grasses, et mélangée avec de la farine de seigle; on finit par passer ces farines, afin de ne plus donner que de la fine fleur; sur la fin de l'engrais, on ne donne plus à boire, et on réveille de temps en temps l'appétit de l'animal en lui donnant chaque jour deux poignées d'avoine saupoudrée de sel, et qu'on a fait gonfler en la mouillant légèrement ou en la tenant dans un lieu humide.

Les pauvres, qui font en général un grand usage du gland pour l'engrais, doivent savoir en tirer le meilleur parti possible. Pour rendre les glands meilleurs et plus nutritifs, on les jette dans une fosse creusée à cet effet, et on les couvre de terre après les avoir arrosés; il faut les laisser ainsi jusqu'à ce qu'ils soient germés. Alors on les retire, on les sèche, puis on les écrase et on les donne aux porcs, délayés dans de l'eau.

De même que le gland, l'orge et le seigle engraissent mieux après qu'on les a fait germer. Il en est ainsi des pois, qui, surtout après cette préparation, rendent le lard ferme et succulent.

2. — Les produits d'une porcherie offrent un avantage évident, soit qu'on vende les petits au moment du sevrage, soit qu'on les vende à moitié de leur crue à des gens qui les engraissent chez eux pour leur usage.

La truie donne communément de huit à douze petits, souvent de quinze à seize. Il ne faut laisser à la truie qu'autant de porcelets qu'elle a de mamelles, car chacun adopte la sienne, et si l'un vient à mourir, sa mamelle reste vacante et se sèche bientôt.

Si l'on a lieu de craindre qu'elle ne mange ses porcelets aussitôt qu'ils sont nés, on lui met toujours à sa portée une nourriture de son goût et on frotte le dos des petits avec quelque substance amère.

Les petits et la mère seront tenus bien chaudement et à l'abri de l'humidité ; on renouvellera souvent leur litière, et on donnera à boire aux premiers dans un baquet plat, de crainte qu'ils ne se noient.

On sèvre les porcelets de sept à dix semaines ; on leur donne du lait acidulé et mélangé avec de la farine d'orge, de seigle ou de maïs, le tout délayé dans de l'eau de vaisselle. On peut y ajouter des racines cuites, des choux ou des pommes de terre. Plus tard on les conduit aux champs, quand la saison le permet.

CHAPITRE VI

La volaille.

1. — POULE. — Les poules, la vie et la gaîté de la ferme, sont une des grandes ressources de la ménagère, et elles payent toujours avec usure les aliments qu'on leur donne.

On peut avoir des œufs tout l'hiver en tenant les poules renfermées dans un local suffisamment chauffé, comme le voisinage d'un four, l'intérieur d'une étable ou d'une écurie, et en leur administrant une nourriture échauffante, le chénevis, le sarrazin, l'avoine. Dans les petits ménages, sous l'humble chaumière, la ménagère a les niches de ses poules sur le massif du four, et elle prolonge ainsi leur fécondité.

Un litre d'avoine par jour, donné en deux repas à huit poules, est une ration suffisante pour qu'elles donnent autant d'œufs que leur race le comporte.

En admettant que ces poules pondent seulement tous les deux jours, vous avez en moyenne quatre œufs par jours; et en 300 jours, 1,200, pour une dépense de 300 litres ou 3 hectolitres d'avoine. Le prix de vente des œufs est toujours variable; mais il monte ou descend comme les grains, et 1,200 œufs, ou 1,000 seulement, valent toujours beaucoup plus que 3 hectolitres d'avoine.

La nourriture des poules, dont la ration journalière se compose en partie d'aliments sans valeur, revient à beaucoup meilleur marché que dans cet exemple, la production des œufs restant la même. Les pommes de terre cuites, écrasées, seules ou mêlées d'un peu de son; les betteraves crues, hachées menu; les criblures de toutes sortes de grains et les mille débris qui résultent toujours de la tenue d'un ménage à la campagne, peuvent alléger de plus de moitié les frais de la nourriture des volailles.

Comme les poules ont un goût très vif pour les vers, on peut, pour leur en procurer une très grande quantité et à peu de frais, créer ce qu'on appelle des verminières : pour cela, on forme une pâte avec du levain de farine d'orge, et l'on met ce mélange avec du son et du crottin de cheval dans un vase convenable. Au bout de trois jours, si le temps est chaud, il y naît une multitude de vers qui servent de pâture aux poules. On peut aussi mettre, dans une fosse carrée, du crottin récent de cheval qu'on mélange par couches avec de la terre imbibée du sang provenant de la saignée des bestiaux, ou avec des débris d'animaux morts. En peu de temps tout ce mélange est converti en un monceau de vers dont on fait la distribution journalière au moyen d'une pelle.

Mais on les donne à dose modérée, parce qu'une trop grande quantité pourrait incommoder les poules.

Pendant l'été, des feuilles de laitue posées à plat sur le sol se trouvent le matin chargées de limaces collées à leur surface inférieure. Ces feuilles données aux poules leur sont très salutaires, et, en outre, on débarrasse les plantes du jardin d'une partie de leurs ennemis.

Les poules couveuses doivent être placées dans un local parfaitement tranquille. Près d'elles on place du grain et de l'eau, pour qu'elles s'absentent le moins possible de dessus leurs œufs.

Retourner les œufs pendant l'incubation, les plonger dans de l'eau froide ou dans de l'eau chaude, comme font quelques ménagères, sous prétexte de rendre l'éclosion plus sûre ou plus facile, ce sont là de mauvais procédés avec lesquels on dérange souvent le travail de la nature.

Un soin très nécessaire, c'est de distribuer aux poules qui conduisent une couvée leurs aliments toujours aux mêmes heures, sans quoi elles sont toujours aux aguets. Le lendemain de leur naissance, on donne aux poussins des miettes de pain trempées dans du lait et du vin, et de l'eau extrêmement pure ; plus tard, on leur donne de l'orge bouillie, du millet, quelques herbes potagères hachées ; ils grandissent ainsi sous l'aile de leur mère, conduits par elle, échauffés par elle, apprenant d'elle à chercher leur nourriture.

2. — OIE. — Il faut aux oies, dans la basse-cour, un local isolé du poulailler. Comme elles ne juchent pas, la plus grande propreté doit y régner ; la paille qui leur sert de litière doit être retournée tous les jours et renouvelée toutes les semaines. Quoique les oies aiment beaucoup l'eau et qu'elles aient l'habitude de barboter, on peut les élever avec succès, même lorsqu'on ne dispose ni d'une eau courante, ni d'une mare. Dans ce cas une cuve cerclée en fer et enterrée au niveau du sol permet de mettre de l'eau à leur portée pendant qu'elles sont encore jeunes.

Plus tard elles savent très bien aller à l'eau, même à d'assez grandes distances, et revenir seules au logis. Mais pour éviter les dégâts que les oies peuvent causer dans les champs, lorsqu'on les laisse en liberté, il serait bon de pouvoir les enfermer dans une eau courante au moyen de deux claires-voies posées à une certaine distance l'une de l'autre, et où elles pourraient se baigner et barboter à volonté.

On nourrit les oies avec toutes sortes de graines, et aussi avec toutes sortes de légumes cuits et détrempés dans de l'eau tiède, avec du son, des feuilles de chicorée ou de laitue. L'oie, à tout âge, aime à consommer beaucoup d'herbe fraîche, et elle aime les pâturages sur le bord d'une rivière ou d'un étang. A défaut de pâturage on peut donner aux oies toute espèce d'herbes sauvages coupées dans les lieux marécageux; elles mangent très bien le trèfle, la luzerne et tous les fourrages à l'état frais. Les betteraves, les raves et autres racines peuvent leur être distribuées en très petits morceaux. Lorsque ces ressources abondent on peut se dispenser de leur distribuer du grain, si ce n'est à l'époque de la ponte.

De l'orge grossièrement moulue, du son, des remoulages détrempés et cuits dans du lait; des feuilles de laitue; des croûtes de pain bouillies dans du lait, forment la première nourriture des oisons. Il n'y a aucun intérêt à laisser vieillir les oies mâles ou femelles jusqu'à l'âge de sept ou huit ans ; passé leur cinquième année, leur chair devient si coriace qu'elle n'est presque plus mangeable. La ponte de la première année est toujours plus faible que celle des autres années ; de deux à quatre ans les oies sont à leur maximum de fécondité ; passé quatre ans, elles doivent être engraissées et livrées à la consommation.

3. — CANARD. — Le canard est une des richesses de la basse-cour ; sa chair est un mets recherché, et malgré sa gloutonnerie, il est très facile à nourrir et à engraisser. Tout est bon pour lui : le grain, le son, les racines cuites, les laitues, les choux, le poisson des étangs, les rebuts de cuisine, les insectes et les débris des viandes. Avec un peu d'eau à sa disposition, une retraite pour la nuit et de l'espace pour étendre ses courses, il ne demande presque rien à son maître.

C'est dans les buissons, au bord de l'eau et dans les lieux écartés que la cane aime à déposer ses œufs. En la retenant un peu tard au poulailler, on déjoue son instinct, car c'est souvent le matin qu'elle fait sa ponte ; et on la force ainsi à donner son œuf, avant de prendre sa course dans la basse-cour ou dans les champs.

Comme en général la cane n'est pas couveuse, on confie ses œufs aux soins d'une poule ou d'une dinde. Ces mères, trompées, prennent pour les canetons qu'elles font naître toute la tendresse qu'elles auraient eue pour des petits de leur espèce.

Quand les canetons viennent au monde, ils exigent peu de soins : de la mie de pain imbibée d'eau, des légumes cuits, de l'orge bouillie, pendant les premiers

jours ; plus tard, des herbes potagères cuites ou hachées, et, lorsqu'ils prennent de la force, du son et des
criblures qui restent après le vannage des grains : voilà tout ce qu'ils demandent.

La pomme de terre est leur mets de prédilection,
et, avec ce seul tubercule, on peut en élever des quan-
tités considérables.

4. — DINDONS. — Les dindons se rencontrent encore
à l'état sauvage dans les forêts de l'Amérique septen-
trionale ; ils se sont facilement acclimatés dans toutes les
parties de la France, et leur éducation est surtout avantageuse dans les pays de friches et de landes, où ils se
nourrissent facilement, en paissant sur les terres incul-
tes, sous la garde de quelques enfants.

C'est dans les prés, les buissons et les haies que la
dinde aime à déposer ses œufs. Pendant la saison de
la ponte, on doit surveiller avec soin toutes ses démar-
ches, ou plutôt la retenir au logis, quand on présume
qu'elle doit pondre dans la journée.

On a soin d'enlever les œufs en marquant et mettant à part ceux de chaque jour, afin que chaque
couvée se compose, autant que possible, d'œufs du
même jour ; ce qu'on peut faire quand on a plusieurs
dindes. Pendant un mois et plus, les œufs peuvent se
conserver sans perdre leur faculté reproductive,
pourvu qu'on les garde avec soin dans un lieu frais.

Le lieu où l'on met couver la mère doit être sec,
propre, chaud, peu éclairé et tranquille ; là, une fois par
jour seulement, on lui apporte à boire et à manger, et
jamais on ne doit toucher à ses œufs, à moins que, par
quelque accident, ils soient jetés hors du nid.

Quand les dindonneaux viennent de naître, on doit

les tenir dans un lieu bien chaud, soit dans une chambre bien close et chauffée, soit à la chaleur de l'étable.

Les aliments qu'ils préfèrent sont la petite ortie, le persil, les oignons ou les chardons hachés, mêlés avec de la farine d'orge, de maïs, de sarrazin, ou plutôt encore avec des jaunes d'œufs et de la viande cuite et hachée très menu. A l'âge de huit à neuf semaines, on pourra ne leur donner que de la farine d'orge mêlée avec une quantité de pommes de terre cuites à l'eau.

Environ deux mois après la naissance, le rouge commence à pousser aux dindonneaux ; c'est un moment de crise qui en fait périr un grand nombre. C'est alors, plus que jamais, qu'on doit craindre pour eux le grand soleil, la fraîcheur du soir, et surtout l'humidité de la pluie : il leur faut une nourriture légère, un peu de sel dans leur eau, de la mie de pain trempée dans du vin, des haricots bouillis et des boissons toniques, c'est-à-dire un mélange d'eau et de vin généreux.

Quelquefois le bout des ailes et de la queue des dindonneaux blanchit, le plumage se hérisse, et les paysans disent que leurs dindons sont échauffés. On leur trouve sur le dos deux ou trois plumes, dont le tuyau est rempli de sang ; on les leur arrache et cette extraction les sauve.

Dès que les jeunes dindons ont pris le rouge, on les mène par troupes nombreuses au pâturage : on les conduit doucement pour leur laisser le temps de ramasser leur nourriture ; herbes, insectes, limaçons, glands, chataignes et noix, rien n'échappe à leur avidité. A partir de ce moment les dindonneaux ont une santé robuste : on doit éviter seulement la rosée du matin, le grand soleil et la pluie.

5. — PIGEONS. — Les bons pigeons de volière peuvent donner sept ou huit couvées par an ; mais pour cela, il faut qu'ils soient abondamment nourris, et pendant toute l'année.

Le sarrazin les dispose à la ponte ; ils mangent à peu près toute espèce de grain ; mais l'avoine a l'inconvénient de percer quelquefois le jabot des jeunes pigeons.

L'oseille et la laitue sont particulièrement à leur gré. Ils recherchent surtout le sel avec avidité : aussi place-t-on souvent dans le pigeonnier une queue de morue ; ou mieux encore, une ou deux fois par semaine, on répand sur le plancher bien nettoyé une petite quantité de sel gris en gros grains.

Les jeunes pigeons bien nourris, surtout les pigeons des volières, ont rarement besoin d'être engraissés avant d'être tués ; toutefois, si l'on veut en tirer tout le parti possible par la vente, il est avantageux de les engraisser. A cet effet on les retire du nid avant qu'ils soient en état de prendre leur volée. On leur donne une bonne ration de pois, ou de maïs à poulet, cuits à l'eau suffisamment pour qu'ils soient ramollis. Deux fois d'abord, trois fois par jour ensuite, on leur donne cette ration, et, en cinq ou six jours de ce régime, l'engraissement est terminé.

L'engraissement des pigeonneaux, lorsqu'on opère en grand, est, toute proportion gardée, aussi profitable que celui de toute autre volaille.

CHAPITRE VII

Engraissement des animaux de la ferme.

L'engraissement des bestiaux et des volailles est une des parties les plus importantes de la science agricole.

L'animal que l'on veut engraisser ne doit être ni trop jeune ni trop vieux. Le moment le plus favorable est lorsque l'animal ne croît plus ; à six mois pour les volailles ; à cinq ou six ans pour les bœufs spécialement destinés à l'engrais ; à un an et demi pour le cochon ; à deux ans et demi pour le mouton. On engraisse le bœuf de travail à quinze ans, les vaches à dix ans : alors les bœufs commencent à être usés et les vaches ne donnent plus de bon lait.

Les animaux à gros ossements, ceux qui sont hauts sur jambes, étroits du derrière ou du poitrail, qui ont le cou mince et long, la peau épaisse, la côte plate, le jarret pointu, se mettent difficilement en bon état d'engrais.

1. — Bœuf. — On lui donne d'abord du bon fourrage, et de préférence du sainfoin ou du trèfle ; plus tard on diminue la quantité de fourrage, et on peut leur donner en pommes de terre l'équivalent des trois quarts de la nourriture, et l'équivalent de la moitié en betteraves. On sait que la ration d'entretien est 3 pour 100 du poids de l'animal et 5 pour 100 quand il travaille. La ration d'un bœuf en repos est, d'après ces données, de 12 kilog. environ, et de 20 kilog. s'il doit travailler, son poids étant supposé de 400 kilog. D'après ce calcul, c'est à chacun à fixer la ration du bœuf qu'il engraisse.

6

Outre les pommes de terre et les betteraves, on emploie les carottes, les tourteaux de graines de lin, les marrons d'Inde écrasés et les glands, qui sont encore une nourriture précieuse pour l'engraissement. Enfin on a recours aux grains réduits en farine grossière et mis en pâte, comme l'orge, le sarrasin, l'avoine, les fèves ou les pois, suivant les ressources de la localité.

Vers la fin, on peut donner au bœuf de temps en temps des pelottes faites avec de la farine d'orge et d'avoine, pétries avec de l'eau tiède et du sel. Sa boisson sera toujours de l'eau blanche. Si l'appétit du bœuf languit pendant l'engrais, on lui lave la bouche et la langue en lui faisant mâcher un chiffon trempé dans un mélange de sel et d'ail écrasés dans du vinaigre, puis on le laisse un jour à la diète et on ne lui donne pour nourriture qu'un peu de son et de l'eau blanche.

Pendant tout ce temps on fournit à l'animal de bonne litière sèche, et on l'étrille chaque jour.

2. — Moutons. — L'engraissement des moutons se fait au pâturage ou à l'étable.

A l'étable, on donne, outre des fourrages, des racines, pommes de terre, betteraves ou carottes ; vers le milieu de l'engraissement on y ajoute des tourteaux de lin ou de colza ; on l'achève en donnant du son, de la farine d'orge, de l'avoine, le tout humecté d'eau salée. Pendant tout le temps de l'engrais, les moutons doivent être abondamment pourvus d'eau, et quand il est bien conduit il ne s'étend pas au-delà de six semaines ou deux mois. Remarquons, en passant, qu'il est plus avantageux de se livrer à l'engrais des moutons d'une certaine taille qu'à celui des bêtes petites.

3. — POULES ET DINDONS. — Pour engraisser les poules, on peut les mettre dans un endroit obscur, et là, leur donner abondamment de l'orge, du sarrazin ou du maïs, cuits et mis en boulettes.

On ne doit engraisser les dindons que quand ils ont pris à peu près toute leur croissance : on les tient dans un lieu aéré, mais obscur, et on les nourrit d'abord de pommes de terre cuites, écrasées et mêlées avec de la farine d'orge, de maïs ou de sarrasin, dont ils mangent à discrétion. Puis on leur fait avaler tous les soirs soit des boulettes de farine d'orge, soit des faînes ou des châtaignes broyées et mêlées avec de la farine commune, et par ces divers moyens on les fait parvenir à une grosseur extraordinaire.

4. — OIES ET CANARDS. — Le moyen le plus simple d'engraisser les oies, c'est de leur distribuer deux ou trois fois par jour une bonne ration de maïs, d'avoine et d'orge, en ne leur donnant qu'une espèce de grain à chaque repas. Pour pousser l'engraissement jusqu'où il peut aller et obtenir des oies du poids de 8 à 10 kilog., on peut les empâter, comme des poulardes, avec des pâtons faits de farine de maïs et d'orge.

Quand on veut engraisser les canards rapidement, il suffit de les mettre sous une mue, dans un lieu chaud, et de leur administrer chaque jour une quantité suffisante de grains ou de son gras; en Normandie, on les gorge deux ou trois fois par jour avec des boulettes de farine de sarrasin; dans le Midi, on leur remplit le jabot avec du maïs bouilli. Avec ce régime, en dix ou quinze jours un canard est complétement gras.

En général, quel que soit l'animal qu'on engraisse, un silence absolu, l'obscurité, une grande propreté, une température un peu chaude, sont les conditions d'un bon engraissement.

CHAPITRE VIII

Maladies des animaux de la ferme.

1. — Il est plus facile de prévenir les maladies que de les guérir. Soignez l'habitation du bétail, car si la maison est malsaine, la maladie y habite et le loup est dans la bergerie. Que chaque animal ait assez de place pour se mouvoir librement, un air pur pour respirer, une grande propreté sur lui et autour de lui, une abondante et saine nourriture : c'est le moyen de prévenir un grand nombre de maladies.

Certains remèdes simples peuvent être administrés dans un grand nombre de cas : l'*eau blanche*, faite avec une poignée de son ou de farine délayée dans de l'eau tiède, rafraîchit l'animal mis à la diète; l'*eau acidulée*, c'est-à-dire mêlée avec une petite quantité de bon vinaigre, est aussi très rafraîchissante; l'*eau miellée*, délayée sans le secours du feu, est très adoucissante; le *sel*, que tous les animaux aiment avec passion, donne du ton à l'estomac et excite l'appétit.

Une saignée donnée à propos, des incisions, des frictions sèches ou des frictions humides avec de l'huile ou de l'eau-de-vie camphrée, des sétons, des lavements, sont des remèdes qui, presque toujours, agissent le plus efficacement. En général, il faut beaucoup compter sur le travail de la nature et ne pas s'imaginer que c'est une richesse d'avoir beaucoup de remèdes contre un mal. L'abus des remèdes, c'est-à-dire l'application d'un remède sans intelligence, ne fait souvent qu'aggraver la maladie. C'est un autre travers d'esprit d'être fataliste et de n'aller pas chercher le vétérinaire quand la maladie est grave.

Il est certaines maladies dont tout propriétaire intelligent doit connaître les remèdes. Voici les plus communes :

2. — APHTES OU BARBILLONS. — Les aphtes sont de petits ulcères dans la bouche des animaux, qui souvent les empêchent de boire ou de manger franchement. Plusieurs coupent souvent des filets de la langue, qu'ils prennent pour des barbillons, et rendent l'animal plus malade. Pour guérir les aphtes, on peut faire bouillir dans un verre de vinaigre quatre gousses d'ail pilées, un sou de poivre concassé et une cuillerée de sel; puis on trempe dans ce mélange le bout d'un bâton entouré d'un linge qu'on fait mâcher à l'animal le matin et le soir, pendant un moment.

Ces ulcères peuvent devenir chancreux, et alors la maladie prend divers noms, selon le siége du mal : dans le nez du cheval ou du mulet, ils sont un des symptômes de la morve; sur le pied des moutons, c'est le *piétin*; dans la bouche des agneaux, c'est le *muguet*; enfin, dans la bouche du bœuf, *chancres* de la langue. En général on guérit cette maladie en frictionnant la partie malade avec le liquide composé comme il a été dit ci-dessus.

3. — Apoplexie ou Coup de sang. — Cette maladie est fréquente chez les chevaux trop gras, ainsi que chez les bœufs, les moutons et les porcs soumis à l'engrais. Les saignées, la diète, la cessation du travail, le vinaigre en boisson et respiré sont les meilleurs moyens à employer.

4. — Boiterie. — Quand un animal boite, le premier soin c'est de chercher le siége de la maladie. Le cheval est de tous les animaux le plus sujet aux boiteries. S'il a reçu une meurtrissure au boulet, ce qu'on appelle *atteintes*, on panse la plaie avec du vin chaud et du sel ; s'il y a ulcération et sécrétion purulente, on a recours aux cataplasmes de mauve ou autres émollients pour faciliter l'écoulement du pus, et on tient le pied du cheval dans une exacte propreté. Quand l'ulcération s'étend jusque dans la corne du pied, elle prend souvent les caractères du *javart encorné*, maladie très grave qui demande le vétérinaire.

Souvent une meurtrissure située sous la sole des pieds antérieurs du cheval cause un épanchement de sang ou une suppuration : c'est la maladie appelée *bleime*. Dans le premier cas, on amincit la sole jusqu'à ce que la bleime soit découverte, en évitant d'atteindre les chairs ; dans le deuxième cas, on enlève tout de suite toute la corne détachée et on applique des cataplasmes émollients.

Si le mal est dans la corne de la fourchette qui s'enflamme et devient molle, un pansage régulier, du chlorure de chaux introduit dans la bifurcation de la fourchette, surtout un fer à branches très courtes, peuvent guérir cette maladie. Chez le mouton, cette inflammation entre les deux onglons du pied se nomme *fourchet* ou *piétin* : une saignée locale, des bains à l'eau fraîche, après lesquels on fait une application de suie de cheminée liée avec du vinaigre, l'extirpation par incision des parois ulcérées, qu'on panse avec un linge imbibé d'eau salée et vinaigrée après un bain de cinq minutes, sont les remèdes communément employés.

Si le cheval boite par suite des grappes ou des eaux aux jambes, dans le premier cas on coupe le poil près de la peau et l'on couvre la plaie avec des étoupes imbibées de bon vinaigre, et dans le second, on lave légèrement toute la surface du mal avec un litre d'eau où l'on a fait dissoudre deux onces de vert-de-gris en poudre. Ces remèdes sont continués pendant plusieurs jours jusqu'à ce que le mal ait disparu.

Quand l'animal est *encloué*, soit par la maladresse du forgeron, soit par le *clou de rue*, l'arrachement du fer et du clou qui blesse, le repos absolu, sont les premiers soins à donner ; s'il y a des matières purulentes, on fait une ouverture profonde et on panse la plaie avec de petits plumasseaux imbibés de vinaigre ou d'essence de térébenthine, en ayant soin de favoriser l'écoulement par des cataplasmes de graine de lin ou autres émollients.

Une *entorse* demande des bains fréquents, soit à l'aide d'un seau, soit à la rivière : on frictionne ensuite la partie malade avec de l'eau-de-vie camphrée ou avec de l'eau-de-vie dans laquelle on a fait dissoudre du savon ; et si le gonflement est trop considérable, le vétérinaire sera appelé.

5. — COLIQUE. — Un refroidissement, une indigestion, une trop grande quantité d'eau froide bue dans un moment de sueur, une rétention d'urine, des vers in-

testinaux, voilà autant de causes qui peuvent occasionner de violentes coliques.

En général, on peut soulager la colique et quelquefois la guérir, en employant les moyens suivants : des
frictions sur tout le corps au moyen d'un bouchon de
paille, ce qui produit une chaleur salutaire; des lavements émollients où l'on ajoute un peu d'huile; des
boissons tièdes et émollientes dans lesquelles on peut
faire prendre un quarteron d'huile de lin (125 gram-
mes); mais on ne donnera jamais du vin, ni de l'eau-de-
vie, ni d'autres stimulants; on couvrira l'animal avec
une couverture de laine, on lui fera une épaisse litière,
et si le mal ne diminue pas, on doit se hâter d'aller
trouver le vétérinaire.

6. — Diarrhée. — La diète, le repos, un peu de son
sec de froment, de l'eau tiède blanchie avec du petit
lait et de la farine d'orge, un peu de vin chaud, peuvent guérir la diarrhée ou *flux de ventre*. La diarrhée
du mouton se traite par l'eau de riz.

Si l'animal a des frissons et des tranchées, la maladie peut se prolonger et se changer en *dyssenterie* ou
flux de sang. Dans ce cas, on administre des remèdes
adoucissants : on fait boire soit de l'eau de riz mêlée
avec un peu de gomme arabique, soit du lait; on donne
des lavements émollients au son et à la graine de lin,
puis à l'orge et au miel; une légère saignée est souvent
très salutaire. Cette maladie peut devenir épidémique;
il est donc prudent de mettre à part l'animal malade.

7. — Epizootie. — Une maladie qui attaque en même
temps un grand nombre d'animaux et qui se manifeste
par des inflammations, par le charbon ou la gangrène,

a reçu le nom général d'*épizootie*. Les remèdes étant le plus souvent impuissants pour la guérir, on doit s'attacher à la prévenir.

Pour cela, on rend salubres les écuries et les étables en y entretenant une grande propreté, un air pur et une chaleur modérée; on donne une nourriture saine et rafraîchissante, on met un peu de sel dans la boisson, on asperge les fourrages avec de l'eau salée; on a recours à la saignée lorsqu'il y a inflammation générale ou locale; enfin on sépare autant que possible les bestiaux malades de ceux qui sont en bonne santé.

Les personnes qui soignent l'animal malade doivent se laver les mains avec de l'eau vinaigrée avant et après l'opération; on doit éviter surtout de se faire une coupure ou une égratignure avec le couteau qui a touché l'animal atteint de l'épizootie.

8. — MÉTÉORISATION OU ENFLURES. — Cette maladie, on le sait, est particulière aux animaux ruminants qui ont mangé du trèfle chargé de rosée ou fraîchement coupé. On ne doit y mener les troupeaux que lorsque déjà leur premier appétit est satisfait, afin qu'ils n'en mangent pas avec trop d'avidité, et n'y rester que très peu de temps, surtout si le trèfle est encore jeune.

Si, malgré ces précautions, le bétail est enflé, on peut essayer les remèdes suivants : des breuvages salés ou préparés avec du savon noir; une cuillerée d'eau de javelle dans un litre de lessive de cendres de bois ; donner des lavements et faire promener l'animal; introduire dans la bouche un bâton bien arrondi et poli aux deux bouts, de manière à provoquer le vomissement : c'est le moyen de faire sortir des bouffées gazeuses et des éructations qui guérissent l'animal rapidement ;

enfin, si le danger est imminent, on doit percer hardiment la panse, dans le milieu de la bosse saillante, et on introduit dans la plaie un tube ou un morceau de roseau vidé de sa moelle, qui facilite le passage du gaz.

9. — PLAIES ET ULCÈRES. — Les plaies légères se guérissent souvent d'elles-mêmes. Dans les plaies graves, on enlève d'abord tous les corps étrangers ; on rapproche ensuite les bords, s'ils sont écartés, en serrant assez à l'aide de bandages et souvent de sutures. Surtout on doit parfaitement laver la plaie avec de l'eau fraîche ou un peu tiède et en comprimer doucement le pourtour pour favoriser l'écoulement du sang ; enfin, on peut la couvrir de cataplasmes tièdes et émollients.

Lorsque les ulcères sont simples, il peut suffire quelquefois de calmer, par des applications émollientes, l'inflammation qui les accompagne ; mais pour peu que le mal présente de gravité, le secours d'un vétérinaire devient indispensable.

FIN.

APPENDICE

I. — LES ACCIDENTS À LA CAMPAGNE

Mille petits accidents peuvent arriver dans une famille, et l'on n'a pas toujours le médecin à sa disposition; c'est pourquoi chacun doit connaître certains remèdes dont l'emploi est sans danger, et qui soulagent le malade en attendant des soins plus intelligents.

On a vu souvent des familles empoisonnées par des champignons; le premier moyen à employer, c'est de provoquer le vomissement en faisant prendre de l'eau chaude et en enfonçant la barbe d'une plume au fond du gosier. On peut aussi faire prendre de l'eau *fortement acidulée* avec du vinaigre ou du jus de citron.

Le contre-poison des sels d'arsenic, c'est la magnésie délayée dans l'eau, ou l'eau de chaux; celui du vert-de-gris, c'est le lait ou une décoction de noix de galle.

Les blessures réclament un traitement différent, selon qu'elles sont plus ou moins graves, suivant les causes qui les ont produites ou les organes qui en sont atteints.

Aussitôt qu'une personne a été blessée assez grièvement pour qu'il soit nécessaire d'appeler un médecin, on peut, en attendant celui-ci, prendre les précautions suivantes :

S'il y a *plaie*, on découvre doucement la partie blessée, on lave la blessure avec une éponge ou du linge imbibé d'eau fraîche, pour la nettoyer ou pour mieux se rendre compte de sa gravité;

S'il n'y a qu'une simple *coupure* et que le sang soit arrêté, on peut rapprocher les bords de la plaie et les maintenir en cet état avec un morceau de taffetas d'Angleterre;

S'il y a bosse ou *contusion*, on applique sur la partie blessée des compresses imbibées d'eau fraîche, avec addition de 15 ou 20 gouttes d'extrait de saturne pour un verre d'eau, et, à défaut, de sel ordinaire.

Le sang s'échappe-t-il par un jet rouge écarlate et saccadé, et le blessé est-il pâle, défaillant et en danger de mort? Empressez-vous de comprimer fortement avec les doigts l'endroit d'où part le sang; vous appliquerez ensuite sur la plaie un tampon de charpie ou de linge que vous maintiendrez par une bande bien serrée.

Le blessé crache-t-il le sang? Placez-le sur le dos ou sur le côté correspondant à la blessure, la tête et la poitrine élevées, et faites-lui avaler un peu d'eau fraîche; on peut aussi lui appliquer sur la poitrine ou sur le creux de l'estomac, des compresses trempées dans de l'eau aussi froide que possible.

En cas de *brûlure*, on conserve et on replace avec le plus grand soin les parties d'épiderme soulevées ou en partie détachées; on perce les ampoules pour en faire sortir le liquide; on couvre la partie brûlée d'un linge fin enduit de cérat et on met par-dessus des compresses humides que l'on arrose fréquemment avec de l'eau fraîche. L'application de l'eau froide est le meilleur comme le plus simple moyen de guérir les brûlures et les entorses; mais le point important, c'est que le liquide soit fréquemment renouvelé afin qu'il ne s'échauffe pas et que la partie brûlée puisse rester exposée à son action pendant un certain temps.

En cas de *luxation* ou de *fracture*, on évite de faire exécuter au membre malade aucun mouvement brusque ou étendu; on se contente de placer ou de soutenir ce membre dans la position qui cause le moins de douleur au blessé, et on attend l'arrivée du chirurgien.

Si le blessé s'évaouit, il faut desserrer promptement les vêtements; enlever ou relâcher tous les liens qui peuvent comprimer le cou, la poitrine ou le ventre. On le couche ensuite horizontalement, la tête un peu élevée, et on cherche à le ranimer en lui jetant de l'eau froide au visage, en le frictionnant avec du vinaigre ou de l'alcool, sur les tempes et autour du nez.

Dans tous les cas, on évite de fatiguer le blessé par la réunion d'un trop grand nombre de personnes. Les secours, pour être efficaces, ont besoin d'être donnés avec calme et d'être appropriés exactement à la nature du mal. Donner à un blessé des liqueurs spiritueuses, c'est lui faire plus de mal que de bien; un verre d'eau lui sera beaucoup plus salutaire.

La morsure d'un chien, ou de tout autre animal qui est sain, n'a point de suites dangereuses; elle ne réclame d'autres soins que ceux d'une plaie commune. Il n'en est pas de même lorsqu'une personne a été mordue par une vipère ou un animal atteint de la rage. Dans ces deux cas, il faut placer sur-le-champ, si c'est possible, une forte ligature entre la partie mordue et le cœur; on lave la plaie avec de l'eau pure, de l'eau de savon ou avec de l'ammoniaque liquide; on en comprime le pourtour pour en faire sortir tout le sang possible; et si le médecin tarde trop à venir, on s'empresse de cautériser profondément la plaie avec une clef chauffée jusqu'au rouge-blanc, ou mieux avec la pierre infernale. En même temps, on fait boire au malade de l'eau de sureau bien chaude, ou bien une infusion de fleurs de camomille ou de feuilles d'oranger.

Les piqûres des insectes se guérissent en appliquant sur la partie malade de l'alcali volatil étendu d'eau, ou, à défaut, du persil haché. La piqûre de l'abeille n'a rien de grave toutes les fois qu'on peut extraire l'aiguillon; dans le cas contraire, on lave les plaies avec de l'eau très froide ou de l'eau blanche dite extrait de saturne. Dans la piqûre du scorpion, on emploie l'alcali volatil à l'intérieur et à l'extérieur à la fois, et quand la première douleur est passée, on applique des cataplasmes émollients de mauve ou de graine de lin. En frottant avec des feuilles de sureau ou de la salive, on calme la douleur causée par les piqûres d'ortie.

Nous allons finir ce paragraphe en indiquant les secours à donner aux noyés. On se gardera bien de secouer fortement ou de pendre par les pieds le noyé, sous prétexte de lui faire rendre l'eau qu'il pourrait avoir avalée. On le fera transporter sur un brancard dans la maison la plus prochaine, la tête relevée et à l'air, le corps couché sur le flanc droit. Là, on le déshabille promptement et on le couche dans un lit modérément chaud; on incline alors légèrement la tête en avant, en la soutenant par le front; on écarte les mâchoires et l'on provoque la sortie de l'eau en promenant les doigts ou une barbe de plume dans la bouche; en même temps on exerce sur la poitrine et sur le ventre des pressions douces, et alternatives, imitant celles de la respiration; on passe sous le nez de l'alcali volatil, de l'eau de Cologne, du vinaigre ou des allumettes soufrées. Aussitôt que la respiration commence à se rétablir, on s'occupe de réchauffer lentement le corps, on applique de la laine chaude sur le ventre, on met des briques ou des bouteilles d'eau chaude à la plante des pieds et au creux des aisselles, on promène sur tout le corps un fer à repasser modérément chauffé. On fait des frictions générales, et surtout vers la région du cœur, avec une brosse sèche ou avec la main, et mieux avec de la flanelle chaude imbibée d'eau-de-vie camphrée. Le noyé, revenu à lui, pourra prendre quelques cuillerées d'eau-de-vie en plusieurs fois. Tous ces soins doivent être continués pendant plusieurs heures : on a vu des noyés rappelés à la vie après plus de six heures d'efforts constants.

Avec ces quelques indications sur les divers accidents, chacun pourra apporter au malade des secours salutaires en attendant l'arrivée du médecin.

II. — PROVERBES DU VILLAGEOIS

1. — Ambition. — Pierre qui roule n'amasse pas mousse. — Qui court deux lièvres à la fois n'en prend aucun. — Plus d'un papillon vient se brûler à la chandelle. — Où la guêpe a passé le moucheron demeure. — Belle cage ne nourrit pas l'oiseau. — Qui convoite tout perd tout. — Chacun convoite ce qu'il n'a pas. — Qui trop embrasse mal étreint.

2. — Amitiés et compagnies. — Qui aime l'arbre, aime la branche. — Une pomme gâtée en gâte cent. — On apprend à hurler avec les loups. — Un frère est un ami donné par la nature. — L'asile le plus sûr est le sein d'une mère. — Une main lave l'autre. — Celui qui n'a qu'un habit ne peut pas le prêter. — Fréquente les bons et tu seras bon. — Qui promet à la hâte se repent à loisir. — Chose promise, chose due. — Vieille amitié ne craint pas rouille. — C'est dans le besoin qu'on connaît ses amis. — L'ami de tout le monde n'est l'ami de personne. — Mieux vaut être seul qu'en mauvaise compagnie. — C'est obliger deux fois qu'obliger promptement. — Un bienfait n'est jamais perdu. — Les bons comptes font les bons amis. — Le danger commun rend les hommes bons amis. — Dis-moi qui tu hantes, je te dirai qui tu es.

3. — Connaissance des hommes. — On connaît l'arbre à son fruit. — Un homme ne vaut que ce qu'il se fait valoir. — Il ne faut pas s'enquérir d'où est l'homme, mais s'il est bon. — L'homme propose et Dieu dispose. — On ne mesure pas les hommes à l'aune. — L'homme s'agite et Dieu le mène. — Il ne faut pas juger les gens sur la mine. — On se voit d'un autre œil qu'on ne voit son prochain. — Beauté ne vaut rien sans bonté. — Difformité n'est pas vice. — L'habit ne fait pas le moine. — Chacun voit à travers ses lunettes. — Chacun sait le mieux où son soulier le blesse. — Ne juge pas tout ce que tu vois. — Ne juge pas, si tu ne veux pas être jugé. — Chacun mesure les autres à son aune. — Les affaires font les hommes. — Toute médaille a son revers.

4. — Conseils. — On n'enseigne pas aux poissons à nager. — Il ne faut pas jeter les perles devant les pourceaux. — Quatre yeux voient plus que deux. — On ne donne pas de noisettes à ceux qui n'ont plus de dents. — Ne montre pas les fautes d'autrui avec un doigt sale. — Qui a la jaunisse voit tout en jaune. —

Trop de cuisiniers gâtent le ragoût. — Aimez qu'on vous conseille et non pas qu'on vous loue. — Tout flatteur vit aux dépens de celui qui l'écoute. — Il est plus facile de conseiller que de faire. — Conseil de vin n'a pas bonne fin. — On ne doit pas aller au conseil sans y être appelé.

5. — CONTENTEMENT. — Qui a des noix, il en casse; qui n'en a, il s'en passe. — Il faut labourer avec les bœufs qu'on a. — Qui n'a cheval, qu'il aille à pied. — A chaque oiseau son nid paraît beau. — A défaut de chapon, pain et oignon. — Cœur content, grand talent. — Aux yeux et au front se lit la lettre du cœur. — Quand on a les pieds chauds, on parle du froid à son aise. — Qui vit en paix dort en repos. — Mieux vaut la moitié d'un pain que pas du tout. — Ceux qui sont contents ne le sont pas longtemps. — Sans un peu de travail, on n'a pas de plaisir. — Contentement passe richesse. — Tel qui rit vendredi, dimanche pleurera. — Il est temps de rire et temps de pleurer. — Nul n'est content de sa fortune, ni mécontent de son esprit. — Le sot est toujours content de lui-même. — Peu de bien, peu de souci. — Peu vaut mieux que rien. — Il est toujours fête pour celui qui fait bien.

6. — ÉCONOMIE. — Il faut garder une poire pour la soif. — Qui mange son blé en herbe ne fera jamais la moisson. — L'huître est pour les juges, et les écailles pour les plaideurs. — On ne saurait faire boire un âne s'il n'a soif. — Il faut mettre le pot au feu selon son état et revenu. — Une épingle épargnée chaque jour fait une somme au bout de l'an. — L'avare ne manque pas moins de ce qu'il a que de ce qu'il n'a pas. —

L'avarice perd tout en voulant tout gagner. — Il vaut mieux donner à un ennemi qu'emprunter à un ami. — Fou qui va au plaid, si on ne l'y demande. — Grand plaideur ne fut jamais riche. — Bien mal acquis, ne prospère pas. — Qui veut être riche en un an, au bout de six mois est pendu. — L'argent est un mauvais serviteur et un mauvais maître. — Pendant qu'on rit, la chandelle brûle. — Il ne faut pas brûler la chandelle par les deux bouts.

7. — ÉDUCATION. — Les vieux arbres sont les plus difficiles à courber. — Qui n'a qu'un seul fils le fait fou. — Tels parents, tels enfants. — Bien travaille, qui élève bien son enfant. — Enfant par trop caressé, mal appris et mal réglé. — Une bonne tête vaut mieux que cent bras. — Les doigts d'une main ne se ressemblent pas. — Quiconque a beaucoup vu peut avoir beaucoup retenu. — Tout dépend du premier pas. — Le même chapeau ne sied pas à toutes les têtes. — Un arc toujours tendu risque de se rompre. — Quand on fait ce qu'on peut, on fait ce qu'on doit. — Nul n'est parfait en toutes choses. — Expérience est mère de science. — Il est plus difficile d'enseigner que d'apprendre. — De ce qui s'apprend au berceau, on se souvient jusqu'au tombeau.

8. — MALHEUR, NÉCESSITÉ. — Quand l'arbre est tombé, tout le monde court aux branches. — La faim chasse le loup hors du bois. — Chat échaudé craint l'eau froide. — Il n'est si bon cheval qui ne bronche. — Faute d'un point, Martin perdit son âne. — Ventre affamé n'a pas d'oreilles. — Il ne faut pas faire un dieu de son ventre. — Aux grands périls tel a pu se

soustraire, qui périt pour la moindre affaire. — A
quelque chose malheur est bon. — C'est dans les
grands malheurs qu'on apprend ses ressources.

9. — Politesse. — Il ne faut pas clocher devant
les boiteux. — On a souvent besoin d'un plus petit que
soi. — Ne règle pas la montre de chacun d'après
la tienne. — Chassez le naturel, il revient au galop. —
L'esprit qu'on veut avoir gâte celui qu'on a. — On ne
vit pas longtemps avec l'esprit d'autrui. — Il ne faut
ni mal parler des absents ni parler mal devant les savants. — Selon la demande, la réponse. — Il ne faut
pas parler de corde dans la maison d'un pendu.

10. — Prodigalité. — On ne trait pas sa vache
dans un panier. — Ne change pas ton cheval borgne
pour un aveugle. — Qui veut aller loin ménage sa
monture. — Il ne faut pas tuer la poule pour avoir
l'œuf. — Les enfants et les fous croient que vingt ans
et vingt francs ne finiront jamais. — Grande chère,
petit testament. — S'il n'y avait pas de receleurs, il
n'y aurait pas de voleurs. — Cent livres de mélancolie
ne payent pas un sou de dettes. — Panier percé ne
garde rien. — Bien dépenser et peu gagner, c'est le
chemin de l'hôpital.

11. — Professions. — Ce n'est pas l'état qui fait
l'homme, mais l'homme qui fait l'état. — Bon est le
métier dont on peut vivre. — Chacun à son métier,
les vaches sont bien gardées. — Qui compte sans son
hôte compte deux fois. — Marchand qui perd ne peut
rire. — Chaque marchand fait valoir sa marchandise. —
Il vaut mieux enrichir le boulanger que l'apothicaire. —

Soyez plutôt maçon, si c'est votre talent. — Tel brille au second rang, qui s'éclipse au premier. — Qui mange les poires avec son seigneur ne mange pas toujours les meilleures. — Un méchant ouvrier ne saurait trouver de bons outils.

12. — Projets. — Il ne faut pas vendre la peau de l'ours avant qu'on ne l'ait mis par terre. — Pour faire un civet il faut un lièvre. — Mieux vaut l'œuf aujourd'hui que la poule demain. — Le moineau dans la main vaut mieux que l'oie qui vole. — Ne compte tes poulets que lorsqu'ils sont éclos. — A décrasser un nègre, on perd son temps et sa lessive. — Qui ne nourrit le petit n'aura jamais le grand. — Qui ne peut comme il veut veuille comme il peut. — Les soucis nous rendent plutôt vieux que riches. — Il ne faut pas chanter victoire avant le combat. — Un tiens vaut plus que deux tu l'auras. — Cherchez et vous trouverez.

13. — Prudence. — Il faut battre le fer tandis qu'il est chaud. — Le bois a des oreilles et le champ a des yeux. — Ne donne pas au loup la brebis à garder. — Le serpent se cache sous les fleurs. — N'éveillez pas le chat qui dort. — Ne brûle pas ta maison pour en chasser les souris. — Qui va doucement, va sûrement; qui va sûrement, va longuement. — Il est bon d'avoir deux cordes à son arc. — Craignez des méchants jusqu'à leurs présents. — Les écrits restent, les paroles volent. — Toutes les vérités ne sont pas bonnes à dire. — On ne risque rien à se taire. — Il faut saisir l'occasion par les cheveux.

14. — Sagesse et science. — Laissez dire les sots,

le savoir a son prix. — En se trompant, on apprend. — Les fous serrent les nœuds, et les sages les dénouent. — Il ne faut jamais défier un fou. — Qui est fou, croit que tous les autres le sont. — Le vrai sage est celui qui apprend de tout le monde. — Ne dis pas tout ce que tu sais et penses. — Une fois lancés, la pierre et le mot ne reviennent plus. — Secret de deux, secret de Dieu ; secret de trois, secret de tous. — Fais à autrui ce que tu voudrais qu'on te fît. — Tout par amour et rien par force. — C'est trop aimer quand on en meurt. — Fais ce que dois, advienne que pourra. — Les bonnes coutumes sont à garder, et les mauvaises à laisser. — Il faut bien faire et laisser dire. — Bien dire fait rire, bien faire fait taire. — En toutes choses, il faut considérer la fin. — Qui donne aux pauvres donne à Dieu. — Prospérité est sœur d'adversité. — Ni l'or, ni la grandeur ne nous rendent heureux. — Mieux vaut prévenir le mal qu'avoir à le guérir. — Il faut rendre à César ce qui est à César. — A chaque jour suffit sa peine. — On ne fait pas tout en un jour. — Chaque jour apprend quelque chose à l'autre. — Il ne faut pas mettre la lumière sous le boisseau.

15. — Travail et difficultés. — Il faut casser le noyau pour avoir l'amande. — Pas de roses sans épines. — Mauvaise herbe croît plutôt que bonne. — On ne sait par où prendre un fagot d'épines. — N'attends pas que les alouettes tombent toutes rôties dans ta bouche. — Nul miel sans fiel. — Petit à petit, l'oiseau fait son nid. — On bat souvent les buissons sans prendre les oiseaux. — Jeunesse oiseuse, vieillesse disetteuse. — Travaille en ta jeunesse, pour reposer en ta vieillesse. — Pour un plaisir, mille douleurs. —

La patience vient à bout de tout. — Oisiveté est mère de tous les vices. — Paresse, clef de la pauvreté. — L'oisiveté est comme la rouille, elle use plus que le travail. — De petits coups abattent de grands arbres. — Qui aime labeur parvient à honneur. — A chacun selon ses œuvres. — Plus on se dépêche, moins on avance.

16. — Proverbes divers. — Petit poisson deviendra grand. — Saute crapaud, nous aurons de l'eau. — La mouche va si souvent au lait qu'elle y demeure. — Qui n'a pas soin de son cheval mérite d'aller à pied. — Tous les chiens qui aboient ne mordent pas. — Il faut tondre la brebis sans l'écorcher. — Si l'abeille vivait seule, elle ne ferait pas tant de miel. — Autant de têtes, autant d'avis. — Bonnes sont les dents qui retiennent la langue. — Habille-toi lentement quand tu es pressé. — Qui ne dit mot n'en pense pas moins. — Tous les vices sont frères. — Chacun a son défaut où toujours il revient. — Les gourmands font leurs fosses avec leurs dents. — Il faut laver son linge sale en famille. — Qui rêve sa défaite est vaincu d'avance. — En te séchant ne mouille pas ton voisin. — Nul ne doit prendre un fardeau s'il ne peut le porter. — Tout ce qui reluit n'est pas or. — Plaie d'argent n'est pas mortelle. — Aux grandes portes soufflent les grands vents. — Le chemin le plus long est quelquefois le plus court. — Avec un si, on mettrait Paris dans une bouteille. — Fais de la nuit, la nuit, et du jour, le jour. — Si vous cassez la bouteille, vous n'y boirez plus. — Chaque chose a son bon et son mauvais côté. — La vie n'est qu'un songe. — On meurt comme on a vécu.

FIN DE L'APPENDICE.

TABLE DES MATIÈRES

7

LIVRE III

LE NOURRISSAGE

APPENDICE

Bordeaux. — Imprimerie Nouvelle A. Bellier, rue Cabirol, 16.

L'ÉCOLE NATIONALE

ou

L'ENSEIGNEMENT PROGRESSIF

D'APRÈS LA MARCHE NATURELLE DE L'ESPRIT HUMAIN
ET LES EXIGENCES DES TEMPS NOUVEAUX

A L'USAGE DES ÉCOLES ET DES FAMILLES

PAR R.-M. CAMPAGNE

Ancien chef d'institution, auteur du *Dictionnaire d'Éducation*

---

6 vol. in-12, beau papier, cartonnés, livres de
lecture, de récitation, de devoirs et d'exer-
cices gradués, pouvant remplacer avec avantage tous les livres classiques élémentaires
parus jusqu'à ce jour.

1° **Le premier Age** (de 6 à 9 ans) .... 1 fr. »
2° **De 9 à 12 ans** .... 1 fr. 30
3° **De 12 à 14 ans** .... 1 fr. 40
4° **Le Collégien** ou l'Enseignement des
   langues (de 6 à 12 ans) .... 2 fr. »
5° **Méthode d'Écriture**, combinée
   avec l'enseignement de la Lecture,
   de l'Orthographe et de la Numé-
   tion écrite .... 1 fr. »
6° **La Vie champêtre**, ou la Science
   du village (de 14 à 15 ans) .... 1 fr. »

L'**École nationale** suit l'élève pas à pas
et répond à tous les besoins du cœur et de l'intelligence. Il ne reste à la mère et au pro-
fesseur qu'à encourager l'élève et à donner à
chaque leçon quelques développements au
moyen du **Dictionnaire d'Éducation**
qui complète ce Cours d'Éducation nationale,
appelé à faire époque dans les annales de l'ins-
truction publique.

Bordeaux. — Imprimerie Nouvelle A. BELLIER, rue Cabirol, 16.

www.ingramcontent.com/pod-product-compliance
Lightning Source LLC
Chambersburg PA
CBHW060805110426
42739CB00032BA/2837